前　言

　　需求是事物发展的原动力，它为事物的发展指明方向、制定目标，并推动其朝着既定的方向与目标演进。装备作为国防力量的重要组成部分，其发展与革新不但不能违背需求牵引的客观规律，而且要求对武器发展需求的认识必须更深刻、更准确、更实际。这是因为，当代的武器装备科技含量高、技术复杂，发展一种新型装备往往耗资巨大、周期漫长，对于国家的政治、经济、工业、国防等方面都可能产生深远影响；一旦装备发展需求有误，不但会造成严重的经济损失，而且所得的装备很可能无法在作战对抗中发挥应有的作用，从而对国家利益和战争行动产生严重影响。美军在 20 世纪后期果断终止发展包括"科曼奇"武装直升机在内的多种先进装备的做法，从一个侧面反映了装备需求对装备发展的决定性作用以及违背装备需求发展装备可能付出的沉重代价。如何科学地认识装备需求、准确地把握装备需求、创造性地提出装备需求，进而以之为牵引成功地发展装备，始终是摆在装备发展工作面前的首要问题。

　　本书共分为七章。第一章介绍了装备需求的概念、内涵、地位与作用以及发展历程。第二章介绍了装备需求的指导思想、分析原则和基本思路。第三章介绍了装备需求内容框架，包括装备需求的

构成要素、基本特征、层次分类。第四章介绍了装备需求的产生依据、分析方法与生成流程、生成机制。第五章在介绍基于能力的装备需求论证模式的基础上，重点介绍了装备需求论证的基本方法和具体方法。第六章介绍了装备需求管理的基本内涵、基本原则和主要措施。第七章介绍了装备需求支撑平台，包括支撑平台的基本定位、功能需求和总体框架。

限于作者水平，书中难免存在不妥之处，敬请广大读者批评指正。

编　者

2021.12

目　　录

第一章 概　述

需求牵引发展。装备需求是引领装备发展方向、提升装备建设质量的重要手段,贯穿于装备发展建设的全寿命周期,对于推动武器装备科学化、体系化发展具有重要意义。那么需求又由谁去把握?如何准确把握装备需求?回答这些问题首先需要廓清在装备需求问题上的种种误区,明确装备需求的概念、内涵、地位、作用与发展历程,完善装备需求论证基础理论,这对于科学开展装备需求研究工作具有重要的理论指导作用。

1.1　装备需求的概念

1.1.1　需求的概念

"需求"作为一个常用名词,在军事装备学领域被广泛引用,但很少有文献深入地去剖析这个概念的内涵。有一些观点认为,"需求"是一个再通俗不过的概念,且内涵十分清楚,完全没有解释和说明的必要。所以,当前领域内的相关研究通常都是直接使用这一术语,而不阐述其内涵。

我国《现代汉语词典》对"需求"的定义非常符合其本质内涵,即"需求"指的是"由需要而产生的要求",而"要求"一词的名词性解释是"所

提出的具体愿望或条件"。所以，把两个词联合起来理解，就可以得出"需求"就是"因为需要而提出的具体愿望或条件"。很显然，这一定义可以应用于所有的领域，解释所有领域内所有层次的"需求"对象，因为此定义是对"需求"本质的合理解释。而且，这一定义可以清晰地体现出它是根据某一领域的实际特色而在"需求"本质的基础上进行了具体化并附加了一些修饰条件。例如，"需求"本质中的"因为需要"，在经济领域中被具体化为"因为消费者的需要"，在软件工程领域被具体化为"因为用户、合同、标准等的需要"，在军事领域被具体化为"因为军事斗争的需要"等。再如，"需求"本质中的"具体愿望"，在经济领域中被具体化为"数量方面的愿望"，在软件工程领域被具体化为"能力方面的愿望"，在军事领域具体化为"能力与功能等方面的愿望"等。因此，可以说"因为需要而提出的具体愿望或条件"是"需求"概念较为理想、合理、准确的定义。

1.1.2 装备需求相关概念

装备需求是指为遂行军事任务或达到军事目标对装备提出的要求。装备发展是一个由宏观到微观的递进过程，装备需求又是分层次的，包括任务需求、能力需求、系统需求和技术需求，其中，系统需求又分为体系需求和型号需求。

装备体系需求是指装备体系为了满足未来一体化联合作战需要所必须符合的条件或具备的功能，是装备体系组织结构形式的描述。装备体系需求的内容包括：

(1) 为完成一定作战任务或具备一定能力的武器装备体系所需具备的功能。

(2) 描述这些功能、性能或相关约束的条件和规则(装备体系结构)。

(3) 构成装备体系的装备系统或子系统的数量规模。

装备型号需求是指单个的武器装备系统为满足能力需求而应该具备的功能特性和性能指标。它所关注的是系统功能方案,但不涉及任何具体的装备结构设计方案。装备型号需求的内容包括:

(1) 具备一定能力的单个武器装备系统所需具备的功能。

(2) 单个装备系统各子系统的结构组成。

(3) 具备要求功能的单个武器装备系统作战使用的性能指标。

装备技术需求是指为了实现武器装备的战术技术性能而形成的核心作战能力,进而为完成作战任务所必须采用的关键装备技术。其中,装备技术是直接用于装备领域的技术科学和应用技术的统称,包括武器装备研制、生产、使用、维修过程中所涉及的技术基础理论和基础技术及应用技术等。

1.1.3 装备需求、军事需求、作战需求之间的关系

"装备需求"是指装备为达到预期的军事活动目标所应满足的各层次要求。其中所谓的各层次要求,则包括能力、功能、性能和约束条件 4 个层次。

"军事需求"的定义有很多。余高达、赵潞生等在《军事装备学》一书中将其定义为"军事需求是实现预定军事战略目标和战争目的所需条件及其要求的总称"[①];张维明等从 4 个侧面对军事需求进行了定义,其中一个侧面为"用户为遂行军事任务或达到军事目标所需的条件或能

① 余高达,赵潞生,等. 军事装备学[M]. 北京:国防大学出版社,2000.

力"。①2011 年版的《军语》中并没有对"军事需求"这一词语进行解释。学术界一般将其理解为为达到军事上的目的而提出的要求。"装备"是"军事"的内容之一,"装备需求"自然包括"军事需求"中涉及装备层面的那一部分内容。然而,"军事需求"也并不能完全包含"装备需求"。这是由于随着装备技术的现代化程度、复杂程度不断加深和社会分工的不断细化,装备的全寿命过程已经跨出了军事领域限制,和其他众多学科产生了交叉。例如,装备的研制生产过程涉及工学学科,生产采购过程涉及经济学学科,装备全寿命管理涉及管理学学科,装备人体工程涉及医学、社会学等学科等。可见,装备的生命周期不但受军事因素影响,同时也受众多非军事因素影响。因此,在装备需求研究过程中,不但要考虑军事上的需求,还必须考虑众多非军事因素的约束,如经费、技术、周期、风险、环保、健康等。可见,"装备需求"产生的根源是"军事需求",没有军事需求就没有装备需求,而军事需求仅仅是启动了装备需求,装备需求过程一旦启动就需要考虑其他众多非军事因素,对这些因素的研究已经超出了军事需求的范畴。也就是说,装备需求既包含军事需求的内容,也包含非军事需求的内容。

与"军事需求"一样,各类著述对"作战需求"的定义也有很多。张维明等专家认为"作战需求是指为达到军事目的或完成军事任务系统应具备的作战功能,包括军事系统的作战任务和使命,完成这些作战任务所需进行的作战活动和具有的功能"。②祝曙光等专家认为,作战需求"阐明了通过使用战争系统所希望达到的效果,不涉及战争体系、系统和系统以下

---

① ② 张维明,余滨,段采宇. 军事需求的基本概念与内涵[J]. 国防科技,2006(1):40-45.

层次的任何具体解决方案"。①郝玉庆认为"为了完成某种具体的作战行动而对武器装备、官兵素质、战术运用(包括作战编成)等提出的需求,就是作战需求。"②由于"作战"是军事行动的一种,因此,"作战需求"自然包含于"军事需求"之中。而"作战需求"与"装备需求"则是交叉关系。应该说,大部分装备的研制都是为了直接用于军事对抗的目的,即大部分"装备军事需求"都源自"作战需求",但并不能由此得出"作战需求"完全等同于"装备军事需求"的结论。如一些特种装备的研制需求就并非源自"作战需求"。另外,还有装备的保障性需求、维修性需求、可靠性需求等,它们不仅是作战行动的需要,也是其他任何军事行动的需要,属于"装备军事需求"的范畴,但不完全属于"作战需求的范畴"。综上所述,"装备需求"是"军事需求"和若干"非军事需求"交叉作用的结果,而"作战需求"则是"军事需求"范畴内的概念,其与"装备需求"概念中的"装备军事需求"概念有交叉。"装备需求论证"的提法,在对研究内容的定位方面是最为准确的,其余"装备军事需求论证""装备作战需求论证"等概念都是"装备需求论证"概念下的子概念。

1.2　装备需求的内涵

根据"需求"概念的理解方式,"装备需求"就应该是"需求"概念应用于军事装备领域所形成的需求对象,该对象的内涵是"需求"概念根据军事装备领域特征,并通过限定具体的"开放构件"得到的。所以,要

① 祝曙光,胡晓峰. 战争需求工程[J]. 国防科技,2007(3): 17-22.
② 郝玉庆. 军事需求:中国特色军事变革的引擎[J]. 国防大学学报,2005 (7): 26-28.

明确"装备需求"的定义，首先应该从明确"需求"概念的若干"开放构件"如何与军事装备领域相结合开始。

(1) 应明确"装备"属于哪种"开放构件"。很显然，"装备"不是需求的发起者。"装备"作为一种人造产品，它本身不可能提出任何需求，即"装备"不可能自己决定自己将要发展成什么样。"装备"是人们在认识并总结某种应用需要的基础上为满足这种需要人为设计出来的，所以"装备需求"不是"装备需要自己变成什么样"，而是"×××需要装备变成什么样"，是"×××对装备的需求"。可见，"装备"是需求的承受者而不是发起者，同时"装备"也不是提需求的范围。"装备需求"仍然是"对装备提需求"，但提需求的范围决不仅限制于各种装备对象自身的功能属性范围之内，很多与装备建设有关但不属于装备功能属性的因素也是"装备需求"必须重点关注的内容，如经费、周期、风险等。所以，"装备需求"不是"对装备从装备自身的角度提需求"，"装备"不是提需求的范围。因此可知，在"需求"的三个典型"开放构件"中，"装备"是需求的承受者。需要说明的是，在"'对象'＋'需求'"的命名方式中，"对象"并非总表示需求的承受者，有时也表示需求的发起者，具体作为哪种"开放构件"要具体分析，不能一概而论。例如，"软件需求"中的"软件"就是需求的承受者，是"×××需要软件而对软件提出要求"；而"宏观经济需求"就存在两种理解方式了，可以是"×××需要宏观经济系统向哪种方向发展而对它提出要求"，也可以是"宏观经济系统自身的良性发展需要自身或其他对象满足哪些要求"。

(2) 应明确"装备需求"中谁是需求发起者。有一些观点认为，装备

需求的发起者是人，是人需要装备才对装备提需求，进而顺理成章地把需求看成是人的主观意识的产物。其实，人只是装备的设计者和驾驭者，真正需要装备的不是人，而是"军事应用"。装备是军事活动领域的重要对象，是实施各种军事活动的重要工具，可以说，一切装备的诞生和使用都是为了辅助实现各类军事活动目标。所以"军事应用"是需求的真正发起者，只是"军事应用的需要"不可能直接地、自动地转化为"对装备的需求"，需要借助人的智慧和力量，即首先由人来准确认识"军事应用"具体有哪些需要，然后再由人把这些需要转化为装备的功能与非功能需求。因此，只有看到人在"装备需求"生成链中的衔接作用，才能理解装备需求的主观性和客观性。

(3) 应明确"装备需求"中提需求的范围是什么。因为"装备需求"是装备研究领域最基础、最宽泛的概念，所以提需求的范围也应该尽可能地扩大，否则一旦范围过小则必然导致此概念不能涵盖装备领域内的某些研究内容。通常，提需求的范围是不加限制的，即默认提需求的范围是能够包含所有层次和所有方面需求的最大范围，任何需求的产生都不会超出这个范围。因为这样的范围很难明确限定清楚或者一一列举，所以通常采用忽略"开放构件"的方式来处理，即用不明确说明"从哪些方面提需求"来表示"从所有方面提需求"，只有在研究一个具体范畴内的需求时才明确使用此"开放构件"加以限定。因此，"装备需求"概念中没有明确表明提需求的范围，意指所有可能的范围。

从以上分析可以看出，"装备需求"的完整内涵应该是"因为军事应用需要装备而对装备从全范围内提出的愿望或条件"，可以总结为"装备

需求指的是装备为达到预期的军事活动目标所应满足的各层次要求"。这就是"装备需求"的合理定义。

明确了"装备需求"的定义之后，其他"装备需求"的衍生概念的内涵和相互关系的问题就可以迎刃而解了。

"装备发展需求"指的是"军事应用对应该发展什么样的装备提出的要求"。显然，"装备发展需求"是当代装备需求研究的主体部分和重点所在，但它却不是装备需求的全部。军事应用对装备保障与装备管理活动所提的需求也是装备需求的内容，同样具有很强的存在价值和研究价值，这二者的需求研究除了能够促进两种装备工作自身的发展建设之外，同时也是装备发展需求的重要参考对象。所以，"装备发展需求"是对装备需求承受者的活动范围做了一个具体化得到的结果。

"武器装备需求""装备体系需求""装备型号需求"等概念都是对装备需求的需求承受者自身进行了具体化得到的结果。按照"装备"概念的分类和七种存在形式进行——对应或两两组合，还可以形成许多类似的、同层次的衍生概念，如"武器装备型号需求""技术器材体系需求"等。

"装备作战需求"和"装备军事需求"是对装备需求的需求发起者进行了具体化得到的结果，但二者的性质明显不同。"装备作战需求"指的是作战活动对装备提出的各层次需求，"装备军事需求"指的是军事活动对装备提出的各层次需求。显然，作战活动只是军事活动当中的一种，因此"装备作战需求"只是"装备需求"中的一个局部内容，但从发展状态和重要性上看，装备作战需求无疑是当今装备需求研究领域中的一个研究重点和热点，也可以看作是装备需求的主体部分。"装备军事需求"仕内

涵上完全等同于"装备需求"。所以,"装备需求"本质上就是"装备军事需求"的简称。因此,"装备作战需求"可以看作是对需求发起者的具体化,而"装备军事需求"更准确地讲,应该是对需求发起者的明确化。

"装备需求分析""装备需求论证"等衍生概念是对装备需求活动进行具体化得到的结果。无论从需求工程的角度看,还是从简单的需求分析的角度看,装备需求作为一种具体的研究对象,并不是"从天而降"的,而是必须经历一个从无到有的开发过程来得到。那么这个开发过程就必然会涉及若干具体的开发活动,这些活动就是装备需求活动的来源。

从以上分析可以看出,对"装备需求"这一基础概念,从不同的角度进行具体化和进行不同层次的具体化,就会得到不同的子概念,这些子概念分别代表着当前装备需求领域的若干研究内容分支。通过这种具体化的关系,各个内容分支的层次和相互关系可以相当明确地体现出来,它们共同构成了装备需求领域的内容体系的主干。显而易见,装备需求的具体化可以同时从几个层次上进行,从而形成各个分支内容的交叉,这些交叉使得装备需求的研究内容更加具体、更加丰富。如"武器装备体系发展作战需求分析"就是多个分支交叉形成的一个内容对象,研究的是作战活动的需要对武器装备体系的发展提出的需求,进行的主要工作是分析。

1.3　装备需求的地位与作用

军事装备是军队战斗力的物质基础,是决定战争胜负的重要因素。装备建设是国防建设的重要支撑,是国家生存与强大的坚强柱石。装备需求是军事装备发展的"牛鼻子",是军事装备建设的"龙头"。当今,"需求

牵引"的思想在装备建设领域已经深入人心，"需求"对装备发展所起的作用更是得到了广泛的认同。

1. 从无到有的孕育作用

装备从无到有来源于装备需求。这个孕育过程体现在新概念装备的产生之中。笼统地讲，军事需求牵引和技术进步推动，对于新概念装备是潜在的需求，由潜在需求变为现实需求要依靠需求论证。潜在的需求可以表述为射程更远、反应更快、威力更大、命中更准，技术进步则可以为射程更远、反应更快、威力更大、命中更准提供支撑。但通过需求论证，这个孕育过程才能形成新概念装备。下面以高速型两栖突击车的需求论证为例大体说明孕育过程。以前我国东南方向军事斗争准备要求陆军具备两栖突击能力，完成开辟登陆场的任务，这是当时的需求背景。但现有的两栖类装备水上航速低，海况适应性差，只适用于内陆江河，不能适用于近海登岛作战。根据潜在的军事需求，论证方提出了发展高速型两栖突击车的新思路。构成这种新概念装备的核心是实现高航速和高海况适应性。以这种新思路为出发点，探索了一条"车"与"船"相结合的技术途径，在水上像船，能发挥船的航行快速性和海况适应性；在陆地上像车，能发挥车对各种复杂路面的适应性，这种新概念的车船结合体正好适应了由水到陆的两栖突击使命任务。据此，论证方形成了发展高速型两栖突击车的一系列论证成果，完成了新概念装备从无到有的孕育过程。研制方根据论证成果研制成功高速型两栖突击车，为两栖机械化部队建设提供了装备保障，有效扩展了装备体系功能。

2．从虚到实的谋划作用

在 2009 年国庆 60 周年阅兵时，前 8 个方队都是装甲装备，有坦克、步兵战车、装甲输送车、空降战车，有履带式，也有轮式，铁流滚滚驶过天安门，壮了国威军威。这些装备从虚到实的发展过程大约经历了 15～20 年，装备需求论证伴随并谋划了整个过程。这批装备的需求论证最早可追溯到上世纪 90 年代初期的装备发展战略需求论证，又经历了 2010 年前的装备体制需求论证，以及"九五""十五""十一五"期间的装备建设规划计划需求论证和每一个型号系统的综合论证，最后把军事需求物化为了装备实体，也就是大家看到的 8 个阅兵方队。其中，装备发展战略需求论证主要论述 4 个突击系统的装备体系结构和发展方向及重点，并对重点装备的发展目标、战术技术特征，基本轮廓进行描述；装备体制需求论证描述装备型号的作战使命、主要性能指标、编配对象、配套关系等内容；装备建设规划计划需求论证对列入规划的装备型号进行简要论证并形成报告，内容包括必要性、使命任务、主要性能指标、技术途径等；型号系统综合论证主要论述型号系统的作战使命和任务、主要作战使用性能和作战效能、总体技术方案及可行性等。至此，相对较抽象的军事需求就转化为相对立体化的装备型号系统，按此进行物理样机研制，就可实现装备的物化。

3．由散到聚的集成作用

综合集成作用体现在通过对大量零散要素的处理形成需求方案的全过程。装备所包含的功能类别有几十种，具体装备型号有上千种。如此众多的要素形成一个结构优化、有机联系的装备体系则依赖于综合集成。尤

其是当前正在发展的信息化装备体系，不是各个要素简单的排列与叠加，而是通过信息主导实现要素融合。一方面要构建一体化信息系统，包括侦察情报、指挥控制、网络通信、敌我识别、导航定位等功能系统；另一方面要建设信息化的武器平台，使每一个装备单体融入信息网络。通过通用硬件和通用软件实现武器平台与一体化信息系统的无缝铰链，从而形成有机整体。同样，对于型号需求方案的生成，需要以下两个层面的集成：

(1) 战术技术指标体系的构建。复杂武器系统的指标要素庞杂，把这些不同领域的指标要素整合成一个功能化的装备系统，需要综合集成。

(2) 总体技术方案的生成。复杂武器系统可以选择的技术途径多样，涉及领域广阔，而把这些要素组成一个立体化的装备系统实体，仍需要综合集成。

4. 由粗到精的催化作用

由粗到精的催化作用体现在对需求方案的全程评估检验和逐步优化之中。需求方案的生成是一个反复迭代、逐步优化的过程。整个过程的每个节点都要进行以效能最大化为准则的综合评估。

在各国装备发展与建设中，曾出现过由于需求论证不充分而致使发展的装备不能满足需求的现象，有的甚至中途夭折。为降低风险，在需求论证过程中普遍采用评估检验技术。评估一方面是对方案满足需求目标的程度进行检验和评估，另一方面是以指标要素或技术要素为变量进行灵敏度分析，或者对约束条件进行影响分析，找到促进方案优化的变化规律，逐步使需求方案精细化。以效能为目标进行综合评估检验，反映了装备使用价值在于作战效能这个本质；以指标要素或技术要素为变量逐步寻优，可

以体现诸要素与效能之间的有机联系和规律性，也符合体系—系统—平台—技术自顶向下规划和技术—平台—系统—体系自下而上集成的装备建设模式。综合评估的方式包括静态评估和动态评估，静态评估反映系统的固有特性，动态评估更容易反映装备的战术使用价值。随着装备技术的发展，采用体系对抗仿真技术，构建虚拟战场环境，设置红蓝双方对抗的作战流程，把装备置于虚拟的战场环境，通过流程推演进行仿真实验，可以检验系统的作战效能，同时也可以反馈各因素对作战效能的影响，促进需求方案的优化。综合评估贯穿需求论证的全过程，对于方案优化起着重要的催化作用。

5．从后向前推进的导向作用

装备发展从后向前推进的导向作用体现在需求形成过程中的转化和映射之中。装备需求的最高层是军事需求，需要经历作战需求到能力需求、装备需求、技术需求的逐层转化或映射，才能完成需求方案的全过程。但这其中的每一个转化都不是自然转过来的，而是通过需求论证完成不同阶段的系统工程过程，进而逐步推进需求方案的演进。目前普遍采用的需求分析多视图方法需要描述作战视图、能力视图、系统视图、技术视图等，同样反映出需求在不同阶段的表征及其逐层转化和演进。这里以能力需求到装备需求的转化为例进行说明。陆军装甲装备的能力需求一般表述为战场感知能力、指挥控制能力、火力打击能力、全域机动能力、综合防护能力、光电对抗能力、持续作战能力，这种表述是从不同侧面反映武器系统所具有的功能。而某一装备系统的需求则直接体现为一组包含诸多要素的战术技术指标。从能力到指标的转化需要进行能力需求列表等逐层细化功

能，然后把能力的表述转化为指标的表述和量纲，并给指标赋值。这个过程没有现成的公式，也没有现成的模型，需要论证人员运用工程方法进行分解转化。通过需求论证推进需求方案的演进，充分体现了需求对装备发展的导向作用。

1.4 装备需求的发展历程

自从装备诞生以来，不论任何历史时期，装备发展的需求问题始终是摆在装备管理者和设计者面前不可回避的重要问题。历史上每一次成功的装备发展以及每一种先进装备的诞生，都是装备发展需求问题得以合理解决甚至是被创造性地解决的结果。为了妥善解决装备发展需求问题，装备管理者和设计者需要围绕它展开各种内容不同、目标不同的活动，这些活动都是装备需求工作。准确地说，装备需求工作是围绕解决装备需求问题而开展的一系列活动的统称，如理论研究、方法设计、工程实践等。因为装备发展的需求问题是装备需求问题的核心内容，在不同历史时期，装备需求工作的内容、形式等都存在很大差异，由此构成了装备需求工作的发展历程。[①]

1.4.1 古代及近代的朴素的装备需求分析

装备需求工作发展的第 1 个阶段是古代及近代的朴素的装备需求分析阶段，时间从古代直至 20 世纪中期，对应于装备发展历程的冷兵器阶

---

① 赵定海，孙万国，多久廷，等. 装备需求工作的发展历程[J]. 装甲兵工程学院学报. 2011
年 4 月，第 25 卷第 2 期.

段和火器阶段。

纵观装备的发展历史，每种装备其实都是对"是否发展新装备和发展何种新装备"的一种解答，即对于装备发展需求问题的一个解答。可见，装备发展的最终目标虽然是获得合理、有效的装备设计方案，但装备发展需求问题才是这项工作的逻辑起点。

在古代及近代，装备发展的模式通常是一种被动、应激式的发展模式。当装备发展的根本矛盾激化到一定程度时，即当前的装备已经严重地影响到了军事任务的完成，迫切需要突破瓶颈，缓解矛盾的时候，这种矛盾才会刺激到有些有识之士，使他们开始思考应该设计何种新装备来满足军事任务的需要，并最终形成方案，然后研制装备、解决问题或者失败后从头再来。在该模式下，设计者追求的唯一目标就是装备设计方案，但并未意识到装备需求问题的独立性，甚至存在性，更不会意识到它对装备设计方案的牵引性。设计者只是把装备需求问题的内容作为寻求装备设计方案必须思考的内容加以研究，所以此时的装备需求问题与装备设计方案紧紧交织在一起，需求问题的解决同时意味着设计方案的形成。

综上所述可知，在古代及近代，装备需求工作只有装备需求分析一项工作，其本质是为获得装备设计方案所进行的主观思考活动。因为设计者解决装备发展需求问题的过程基本就是单纯的主观思考过程，所以称之为装备需求分析。但是，因为这种思考是在没有认识到装备发展需求问题存在性的前提下进行的，目标也不是为了解决装备发展需求问题，却又在客观上达到了解决装备发展需求问题的效果，这与现代装备需求分析有着极大的差别，所以称之为朴素的装备需求分析。

古代及近代朴素的装备需求分析工作原理如图1-1所示。在图1-1中，实线表示客观事件及活动，虚线表示主观思维活动。

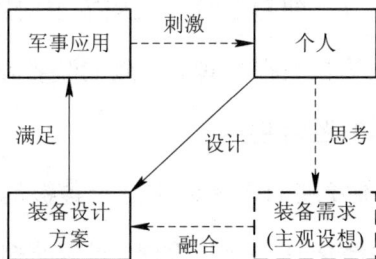

图1-1　朴素的装备需求分析工作原理

古代及近代朴素的装备需求分析工作具有以下5个特点：

(1) 问题模糊。在古代及近代，人们尚未认识到"装备需求"的存在及其对装备发展的牵引作用，因此也不能把装备需求问题作为一个独立的问题进行分析，仅在他们被动地缓解装备发展矛盾的过程中，无意识地但却又是必然地涉及了装备发展需求问题。可见，在这一时期，装备发展需求问题尚未成型。当然，这是由该时代装备简单、技术低、成本低、易制造等特点决定的，此时装备需求问题还没有必要从装备方案设计活动中独立出来。

(2) 被动思考。在古代及近代，被动思考是朴素的装备需求分析的典型特征，装备发展的需求问题基本都是通过设计者运用头脑分析解决的，方法单一，与现代主动式地思考军事需求进而主动地发展装备不同，朴素的装备需求分析通常是为应对具体的军事任务而被激活的，具有典型的被动特征。

(3) 个人行为。在古代及近代，设计者个人的才智在朴素的装备需求

分析中起着决定性的作用，装备设计的是否实用，在军事任务中能够发挥多大威力，甚至包括新装备设想能否实现，几乎都由设计者的个人能力决定。这正是当时每一种著名装备的诞生几乎都与一个伟大的军事家或工程师的名字联系在一起的真正原因，如诸葛亮发明连弩和木牛流马，戚继光发明狼筅，马克沁发明机关枪等。

(4) 偶发行为。在古代及近代，朴素的装备需求分析基本不是国家机构出于主动探索装备发展方向的意图，也不是在有计划、有组织的情况下开展的，而是源于一些杰出人才的个人意志，因此，其属于典型的自发行为，带有很强的偶然性。这也是造成古代及近代装备总体上呈现出相对稳定、发展缓慢等特点的重要原因。

(5) 缺乏指导。在古代及近代，还没有一套有效的理论能指导装备设计者展开工作，也没有一套有效的方法来帮助他们正确地认识装备需求，合理地设计装备方案，成功地实现装备创新。所以，朴素的装备需求分析完全是设计者凭借个人能力"摸着石头过河"，其结果难以预料。

1.4.2　现代的装备需求分析

装备需求工作发展的第 2 个阶段是现代的装备需求分析阶段，时间从 20 世纪中期到 20 世纪 80 年代末，此时装备的发展历程已进入现代武器装备阶段。需要说明的是，对于美国等发达国家，由于积极采用新思想和新技术，使其很快结束了这一阶段，而对于许多发展中国家而言，这一阶段可能一直延续至今。

在这一时期，装备发展领域发生了两件大事，使得装备发展模式发生了根本性改变，也使得装备需求工作发生了重大转变。这两件大事一是装

备论证工作的诞生，另一个是需求牵引思想的引入。

二战后，装备的种类迅速膨胀，规模日趋庞大，应用的技术也日益尖端化和复杂化，这使得装备在战争中发挥的作用越来越大，人类对于装备的倚重也越来越强。在此情况下，人们意识到，被动式地、无计划地、完全依赖个人自发行为来发展装备的方式，已经无法跟上现代战争发展的步伐。要想获得先进的、强大的装备，不能坐等技术推动，更不能只靠少数个人的智慧和实力，而必须有目标、有计划、有组织地主动创新装备。基于这样的认识，美、英等国成立了专门的研究机构，广泛开展了以装备作战使用性能、装备系统研制方案优化等内容为主的装备论证活动，装备论证工作由此诞生。

装备论证的目标是追求最优的装备设计方案，这比单纯追求能够解决问题的装备设计方案更进了一步。然而，装备论证工作的诞生对于装备发展的贡献远非如此，它的贡献主要有 3 点：一是将装备发展由个人自发行为转变为有组织的国家行为，从而为装备发展带来巨大动力和强力支撑；二是将装备发展由被动应激式转变为主动探索式，从而大幅提升了装备发展的速度与效率；三是为先进思想与科学方法引入装备发展领域提供了平台和空间，从而为装备发展工作的科学化、工程化奠定了基础。

装备论证工作的诞生为装备需求工作的发展创造了契机与条件，而需求牵引思想的引入则真正实现了装备需求工作的发展。需求牵引的思想认为，事物的发展都应该符合一定的客观需求，装备的发展亦不例外。在主动式的装备发展模式下，装备发展的根本矛盾可能并未激化，在这种条件下是否有必要发展新装备必须慎思。而且，现代装备造价昂贵，占用资源

巨大，难以承受装备发展的随意性和失误，这也在客观上提出了思考装备发展必要性的要求。在这种条件下，是否需要发展某种装备的问题，即装备发展的必要性问题，作为当时的装备发展需求问题，被明确提出，而且被列为装备论证活动中的一项必要工作，称之为需求分析。这是装备需求工作发展历程中的一次重要跨越：首先，装备发展需求问题被明确地、正式地提了出来，实现了从无到有的转变，尽管其内涵并不完整；其次，解决装备发展需求问题的工作被正式列入装备发展工作程序，从此在装备发展工作中确立了一席之地。这也是装备需求分析为装备需求工作的发展做出的两个主要贡献——明确提出需求问题和正式列入工作程序。

从此项工作自身来看，现代的装备需求分析并不比古代及近代朴素的装备需求分析先进。首先，现代的装备需求分析把装备发展的需求问题定义为装备发展的必要性问题，这是对该问题的片面理解；其次，现代的装备需求分析解决该问题的方法同样是主观上的理论分析，即通过说理的方式阐明发展某种装备的必要性，并将分析过程和结论以文字方式记录下来，所以单从方法上看，这与朴素的装备需求分析并无差别；再次，现代的装备需求分析对于装备发展的影响很小，装备论证仍然以追求装备设计方案为目标，装备需求分析仅仅是装备论证中的点缀性工作，且与装备论证的结果即最终的装备设计方案没有必然的联系。

综上所述，现代的装备需求工作也只有装备需求分析一项工作，其本质是为说明发展某种装备的必要性而进行的主观思考与理论分析活动。尽管这一时期的装备论证活动已经开始应用一些现代科学方法，如运筹学理论和作战模拟技术等，但这些方法都是服务于装备方案设计的，与装备需

求分析工作无关。在这一时期，装备发展需求问题的另一层面，即装备的概念性问题，仍是装备方案设计工作中的问题，不是需求问题，而且解决的方法主要是同类装备同一性能指标上的相互赶超,这就形成了口径越来越粗、装甲越来越厚、爆炸当量越来越大等"军备竞赛"式的发展状态，其中不乏盲目发展、脱离实际应用发展的个案。现代的装备需求分析工作原理如图 1-2 所示。图中，实箭线表示客观事件及活动的路径，虚箭线表示事物的发展(思路)路径。

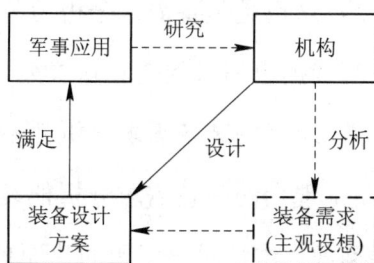

图 1-2　现代的装备需求分析工作原理

现代的装备需求分析工作具有以下 3 个特点:

(1) 问题形成。与古代及近代朴素的装备需求分析相比，现代的装备需求分析最大的进步就是装备需求问题被明确提出,进而拥有了明确的工作内容和正式的地位。

(2) 方法简单。现代的装备需求分析仍然采用单纯的以主观思考为基础的理论分析方法,不但方法单一，而且分析结果的科学性、可信性也难以保证。

(3) 影响较小。现代的装备需求分析仅是对发展装备的必要性进行说明，与装备自身的技术特征乃至最终的装备设计方案没有直接的联系，本

质上还达不到实现需求牵引的程度，对装备论证工作的影响非常小。

1.4.3　当代的装备需求论证

装备需求工作发展的第 3 个阶段是当代的装备需求论证阶段，时间从 20 世纪 90 年代至今。

当代的装备需求论证与现代的装备需求分析相比具有两个本质区别：一是装备需求问题的内涵得以扩展，需要发展何种装备的问题，即被发展装备的概念性问题，逐渐成为装备需求问题的重要方面；二是多种现代科学理论与方法被逐渐应用于解决装备需求问题，使得装备需求工作开始由单纯的理论分析向定量化、技术化的工程实践工作转型。

在 20 世纪的最后十几年里，需求牵引的思想愈发巩固，需求问题在各个领域内均得到了广泛重视和深入研究，尤其在软件工程领域率先提出的需求工程思想，逐渐发展成为一个独立的技术领域。需求工程的成功一方面提升了人们对需求问题的重视程度，更重要的是为人们研究需求问题提供了科学化、定量化、工程化的手段。这一背景很快为装备需求问题的发展提供了技术条件。从装备工作自身看，这一时期，以信息技术和计算机技术为代表的科学技术迅猛发展，为装备发展工作注入了新的活力。

装备自身愈发复杂，军种竞争愈演愈烈，国家投入愈来愈多，占用资源愈发巨大。所以，简单判定是否需要发展某种装备已经不能满足装备发展决策需要了，还要充分论证在有限的资源、复杂的任务下应该优先发展何种装备，应该使装备具有何种能力，应该将装备的能力发展到何种程度等问题。人们认识到，只有妥善解决了这些问题，才能真正开始发展装备，否则，一旦装备发展目标定位有误，不仅浪费资源，而且可能造成国家军

事、政治损失和发展迟滞。所以，装备发展工作特点的转变为装备需求问题的发展提供了实践条件。在此背景下，人们首先认识到发展什么样的装备的问题也是装备发展的需求问题，必须先行明确，进而牵引装备发展进行实践。此外，凭借主观思考解决装备发展需求问题的方法是不可靠的，应当广泛使用现代科学原理和定量分析来进一步确保分析结果的正确性。由此，在装备论证工作的基础上诞生出独立的装备需求论证工作，使得装备需求问题的解决走上了科学化和工程化的道路。

这一时期，美军建立了比较明确的装备发展需求生成机制，相继采用了需求生成系统和联合能力集成与开发系统，确立了装备需求决定装备发展的模式。此外，著名的体系结构分析技术、作战仿真技术等具有现代科学特征的定量化分析方法被强制要求应用在需求生成的各有关环节之中，用于确保分析的可信性和结论的可追溯性；相继出台了一系列标准和法规，使需求生成活动制度化、规范化、标准化。美军通过这些措施使其在科学化、工程化地解决装备发展需求问题的道路上处在了领先地位。美军虽未有装备需求论证的提法，但是其确立的先审定装备需求方案、后决定装备设计方案的发展模式，以及在确定装备需求方案的过程中广泛使用的"国防部架构框架"(Department of Defense Architecture Framework，DoDAF)等定量化分析描述方法的做法，与我军提出的装备需求论证的思想完全吻合。

这时期，我军提出了装备需求论证的思想，设计了把装备发展的需求问题归入装备需求论证工作来解决的发展模式，并就如何开展装备需求论证工作进行了大量、深入的研究，其中以装备型号需求论证研究发展最快。

但是，由于种种原因，我军的装备需求论证工作至今主体上仍处于理论研究状态，无法落实到实际的装备发展工作之中。现代的装备需求分析方法在我军当前的装备发展工作中仍占有一席之地。

装备需求论证指的是在一定的军事任务背景下，通过科学的方法，对意图发展的装备对象的必要性和概念特征进行阐述和证明的活动。这里的装备对象不只是装备型号，还包括装备体系、装备体制等多种对象。装备需求论证本身就是一项系统性的装备需求工作，其中容纳了需求分析、需求描述、需求验证等多层次及更加具体的装备工作，可以说，装备需求工作的内涵得到了极大的丰富和拓展。

装备需求论证通常是针对某个具体的装备对象展开的，甚至都是针对具体的装备型号展开的，其他类型装备对象的需求论证工作发展相对滞后甚至仍属空白。因此，虽然装备需求论证工作本身的科学化、定量化程度得到了较大改观，但是不同层次装备对象的需求论证之间缺乏联系，发展不均衡，同类不同型号装备的需求论证之间也缺乏有效继承和参照，这些问题都使装备需求论证工作相对孤立。装备需求论证只注重某项具体工作的解决，而忽视了从装备需求问题整体的高度寻求规律性、通用化的解决方案，这就为后来的装备需求工程的诞生埋下了伏笔。

装备需求论证对装备发展工作的贡献主要包括两个方面：一是将原先直接设计装备方案并对是否发展进行决策的一次决策模式转变为先确定装备需求方案并决策、在此基础上进一步确定装备设计方案并决策的二次决策模式，突出了需求牵引的地位和作用，进一步确保了装备设计方案的必要性和有效性；二是将现代科学思想和先进科学方法广泛引入装备需求

论证工作，为装备发展需求问题的科学解决提供了保证。

综上可知，当代的装备需求工作得到了极大丰富。装备需求论证是一项系统性工作，其涵盖了不同层次、不同目标的多种具体工作，如图 1-3 所示。装备需求论证工作的原理如图 1-4 所示。

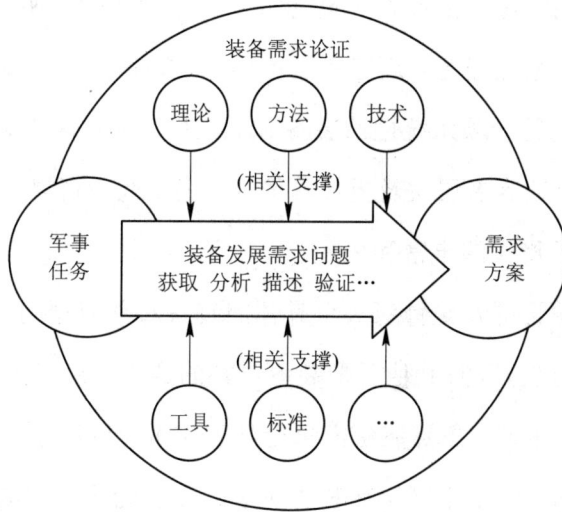

图 1-3 装备需求论证涵盖的多种具体工作

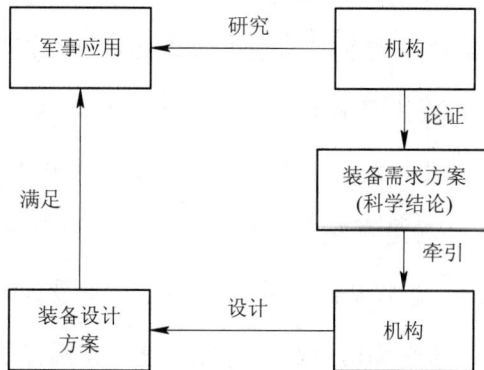

图 1-4 当代的装备需求论证工作原理

当代的装备需求论证具有以下 5 个特点：

(1) 问题确立。在当代的装备需求论证阶段，装备发展需求问题的两个层面得到了完整的认识并被归入独立的装备需求论证工作进行统一解决，标志着装备发展需求问题从此得到正确、完整的认识。

(2) 工作独立。装备需求工作终于从装备方案设计工作中脱离出来，二者的关系由最早的融合关系、现代的偏正关系发展为当代的牵引关系，装备需求工作至此正式成为一项系统性的、独立的装备工作。

(3) 内容拓展。装备需求工作不再是一项单一的具体工作，而是发展成为一项具有多层次结构的系统性工作，包括理论研究、方法设计、工具开发、标准制定、工程实践等工作，其中工程实践还包括需求获取、需求分析、需求描述、需求验证、需求管理等具体工作。

(4) 方法定量。与以往单纯的理论分析有所区别，装备需求论证更加重视科学化、定量化方法的应用，以此来确保论证过程与结果的正确性与可靠性。

(5) 面向具体。装备需求论证强调的是如何运用科学的方法解决一个具体装备对象的发展需求问题，各类对象、各个对象之间虽然使用相同的论证理论与方法，但基本都是作为孤立问题考虑的，它们之间的决定关系、关联关系、继承关系等考虑得比较少。

1.4.4　当代的装备需求工程

装备需求工作发展的第 4 个阶段是当代的装备需求工程阶段，其发展历程不足 20 年。

装备需求论证科学地解决了具体装备对象的发展需求问题，尤其是在

装备型号需求论证方面效果明显。但是，在当代新军事变革的影响下，人们对装备对象的复杂性，包括对象自身的复杂性和对象间关联关系的复杂性，有了更深刻的认识，由此对装备发展需求问题所包含的内容形成了更具时代性的认识。此时，单纯为解决具体问题而设计的装备需求论证工作已经不符合当代装备发展的特点，人们开始认识到当代的装备发展需求问题是一个复杂的系统工程问题，解决装备发展需求问题不是为了使某个具体装备对象的发展需求实现最优，而是要寻求相互之间存在牵引和支撑关系的各种类别的装备对象所构成的完整的装备发展大系统的整体最优。因为每个个体的最优并不代表整体的最优，而整体的最优却可以使个体在适度发展的前提下达到理想效果。由此，人们对装备发展需求问题的关注，由具体的装备对象拓展为各种装备对象构成的装备发展大系统这一有机整体，由单纯追求具体装备发展需求问题的解决转变为追求装备发展大系统整体发展需求的最优化及内部需求的相互协调，由具体的工程实践工作发展为一个系统性的工程实践领域，由研究如何科学解决工程实践问题扩展到如何科学地发展一个工程实践领域，并以此指导领域内部各类工程实践问题，实现科学发展和协调发展。当代的装备需求工程就是在这样的背景下诞生的。

现代信息化战争的特点之一就是体系对抗，因此，装备发展的指导思想开始由发展性能先进的装备型号向构建功能完备、实力强人的装备体系转型，进而使得装备发展需求问题关注的重点由装备型号对象转变为装备体系对象，由装备体系的发展需求转变为牵引装备型号的发展需求，这就使得两种需求之间的联系与协调问题成为装备发展需求问题当中除明确

具体装备对象发展需求之外的另一类重要问题。同时，当代装备发展工作中原有的一系列装备工作，如装备发展战略论证、装备体制系列论证、装备发展规划计划论证等，其中也涉及装备发展的需求问题，尤其是装备体制和装备型号的发展需求问题。因为装备体制、装备体系和装备型号之间并不是孤立的，其相互之间存在着紧密的影响和制约的关系，所以，在当代装备发展工作中，如何实现装备体制、装备体系、装备型号等装备对象的协调发展和效果最优，如何实现装备发展战略、装备体制系列、装备编制编配、装备发展规划、装备体系建设、装备型号发展等一整套与装备发展需求紧密相关的装备工作的综合集成和协调发展，成为时代赋予装备需求问题的崭新内容。在该背景下，装备需求工作由面向具体装备对象发展需求构成的小系统，拓展为面向装备发展工作中所有需求问题的大系统；人们开始从这一大系统的整体特征、总体规律等宏观层面展开研究，如理论体系、方法体系、内容体系、综合集成论证平台等。此类研究的内容拓展和成果积累使得当代的装备发展需求工作逐渐发展成为一个专门的学科领域，这就是装备需求工程。

当前，当代的装备需求工作的内容已经相当丰富，并形成了一个独立的、自成体系的科学领域。当代的装备需求工作是围绕装备发展领域内各层次需求问题所形成的一个完整系统展开的：既包括针对系统整体层面的工作，也包括针对具体问题层面的工作；既包括研究性工作，也包括实践性工作。装备需求工作的科学化程度越来越高，定量化方法的应用越来越广，解决装备需求问题的效果也越来越好。当代的装备需求工程的内涵如图 1-5 所示。

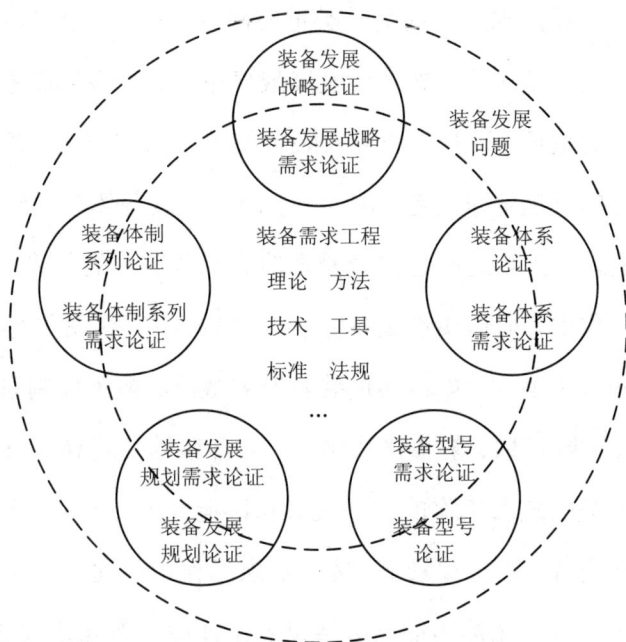

图 1-5 当代的装备需求工程内涵

当代的装备需求工程具有以下 3 个特点：

(1) 系统化。把装备发展领域内各层次装备需求问题视为一个完整的大系统，应用系统工程的思想和方法统筹规划、协调处理这一领域内的具体问题。所以装备需求工程也是装备系统工程的延伸。

(2) 工程化。简单地说，工程化就是追求标准、规范、定量、可控、高效、最优，反对模糊、随意、混乱、无序、低效。在这一方面，装备需求工程比装备需求论证程度更高、范围更广、综合性更强。

(3) 学科化。装备需求工程不再是一项具体的装备需求工作，而是由众多装备需求工作共同支撑起来的一个工程科学领域，它逐渐发展为符合领域自身特点的理论体系和方法体系，为领域实践的成功提供了有力保障。

综上所述，装备需求工作的发展历程是一个逐渐被清楚地认识，逐渐从装备方案设计工作中独立出来，逐渐向科学化和工程化的方向发展，最终形成一个独立的且具有鲜明特色的工程科学领域的发展历程。当代的装备需求工程科学是军事装备学学科的一个分支，也是装备系统工程学科的一个分支，而且目前正处于一个高速发展的时期。

第二章 装备需求的指导思想、分析原则与基本思路

在军事领域,装备需求分析作为一种特殊的军事实践活动,研究对象包括各种武器装备(系统),就具体分析而言,目标又很具体而集中,宏观上难以把握,中观上难以协调,微观上难以深入,分析论证工作难度相当大,其本身就是一项复杂的军事系统工程。在武器装备(系统)建设实践中,系统分析工作者通过分析实践活动逐步总结提炼并形成了军事需求分析需要遵守的若干重要准则,这些准则对军事需求分析实践活动起到了强有力的指导作用。

2.1 装备需求的指导思想

指导思想是关于指示、引导从事活动的准则,是进行重大行动或行为高度概括和提炼的具有纲领意义的理性认识。装备需求分析面对的具体武器装备需求,都是军队武器装备建设和军事斗争准备的重大行动及其重要举措。装备需求分析是一种思维辨析与逻辑推理相结合的分析论证实践活动,是一个认识、分析、综合的过程。要达成装备需求目标清晰、研究对

象优化、构想方案可行之目的，必须要有一个明确的指导思想。

2.1.1 装备需求指导思想概要

装备需求是一个军事项目研究的基础性工程,只有遵循正确的指导思想,才能把握正确的研究、论证、分析方向。每一个具体装备需求尽管由于目标不同、内涵不同、需求分析的侧重点不同,装备需求指导思想可能也有所不同。但是装备需求一定是军事装备领域发展、创新的需求。因此,装备需求指导思想的要点可以概括为:以新时代军事战略方针为指导,以军队现代化建设和军事斗争准备为出发点,以国防发展战略为考量,执行现行军事法规和国家军用标准,遵循装备需求分析的规律和原则,坚持系统和体系思想,坚持实事求是的科学态度和客观现实,坚持运用基本理论指导和吸收最新研究成果,坚持前瞻性和创新意识,综合运用系统工程、系统分析、综合集成等技术和方法,对具体装备需求诸要素进行全面、深入、透彻地分析,力求使具体军事需求达成系统最优,实现方法最优。

2.1.2 装备需求指导思想内涵

装备需求根据军队装备建设和军事斗争准备的客观实际需要提出,是战略性的军事工程建设,具有极强的针对性和必要性。军事需求的实现又是一种创新型的系统工程,具有极强的实践性和可操作性。只有搞好装备需求分析,军事需求的实现才能有可行而科学的基础。装备需求分析指导思想的内涵主要包括以下几个方面:

(1) 装备需求分析是军事战略方针在具体军事装备活动中的贯彻、执行和落实。军事战略方针是指导战争全局的计划和策略,决定战争准备和

武装力量建设的目标方向。装备需求分析必须紧紧围绕军事战略方针确定的目标方向，并以此指导需求分析工作，使一切为打赢的具体措施落到实处，起到增强体系效能的作用。

(2) 装备需求分析可为军队建设和军事斗争准备工程项目的实施打下坚实的科学基础。装备需求是为军队武器装备建设和军事斗争准备提出的需求，目的是克服武器装备缺陷，形成体系，提高战斗力，增强体系作战效能。装备需求分析要以建设现代化军队和进行军事斗争的充分准备为出发点，为军事工程项目的发展、部署和决策提供参考与建议。

(3) 装备需求分析是对国防发展战略中具体武器装备需求的科学分析。国防发展战略是对国防发展的宏观部署，是国防发展科学勾画的全局性蓝图，包含着装备需求的发展方向、总体部署、发展重点和优先发展的军事需求，具有法律效力的规定性。装备需求分析必须以国防发展战略为依据，对具体军事需求进行科学分析，使其成为满足军事需求的健壮实体，并成为军事体系构成的有效成分。

(4) 装备需求分析要真实执行现行的纲要、条令、条例等军事法规和国家军用标准。军事需求的发展、建设和满足，其目的是形成一个时期武器装备建设和军事斗争准备的完整体系结构，实现战斗力的整体跃升。装备需求分析只有坚决执行现行的纲要和条令、条例等军事法规与国家军用标准，用军事法规和军用标准约束装备需求分析，才能实现标准化、系列化和体系建设，达成战斗力整体跃升之目的。

(5) 装备需求分析必须遵循军事需求分析的规律，坚持军事需求分析的原则，使装备需求分析活动有序、有效进行。装备需求分析是一种实践

活动，有其自身规律和体现规律的原则，只有把握军事需求内在本质联系的客观规律，深刻认识必然发展趋势，才能透彻分析装备需求的内在关系和外部联系；只有科学而又灵活地运用原则和方法，才能在分析实践中减少盲目性，增强自觉性，客观地进行装备需求分析。

(6) 装备需求分析是运用科学方法，采取实事求是的科学态度，广开思路，博采众长，创新思维，以求系统最优和实现途径最优。装备需求分析是一种创新性研究、分析、论证活动，必须以实事求是的科学态度，着眼客观现实，兼顾未来发展，借鉴先进理论和技术，吸收最新研究成果，综合运用各种科学方法，对装备需求进行系统而又深入的分析，使装备需求的预期目标、体系结构、功能性能、实现的技术途径、经费支持、应用方式和应用环境等有一个清晰的展现视图，有一个明确的概念模型，有一个符合要求的科学构想(方案)。

2.2　装备需求的分析原则

原则是观察问题、处理问题所依据的准则。装备需求分析活动，事关武器装备建设和军事斗争准备之大计，必须要有所依据的法则或标准，这就是装备需求分析的原则。装备需求分析原则是在装备需求分析实践活动中提炼和概括出来的，是对装备需求分析经验的科学总结，是装备需求分析客观规律在需求分析活动中的具体体现。分析人员只有遵循具体体现主要规律的装备需求分析原则，才能正确掌控装备需求分析的实践活动，只有充分认识和把握规律，灵活恰当地运用原则和方法，才能在实践中减少盲目性，增强自觉性，科学有效地进行装备需求分析。

2.2.1　搜集信息，判明情况

　　装备需求的提出，都有各自的目标要求、军事背景、应用环境、当前现状、预期功能、规格标准等陈述理由，这些陈述理由描绘了装备需求的概要视图。在装备需求分析中，遵循搜集信息，判明情况原则，必须广泛而详尽地搜集与具体分析对象相关的各种信息资料，进行系统而深入地研究，并根据对信息资料分析，结合相关情况，综合分析判断，以求得到科学而准确的装备需求情况。

　　遵循搜集信息，判明情况原则，应该把握以下 3 个方面的要点：

　　(1) 广泛搜集信息资料。信息资料是装备需求分析的客观依据，掌握与分析对象相关的信息资料，是装备需求分析的前提条件。信息资料可按主题、分层次、多途径搜集。信息资料包括装备需求的目标要求、实体结构、使命空间、规格标准、军事背景、应用环境、当前国内外研究现状、科技支持程度、经费保障、研究能力等。一切与分析对象相关的信息资料都应该尽量搜集，使信息资料客观而翔实。

　　(2) 深入系统研究装备需求情势。对搜集的信息资料进行去粗取精、去伪存真的整理，结合装备需求视图进行深入系统的分析研究，达到知己知彼，对具体对象有一个深刻认识和透彻理解。

　　(3) 综合分析判断。在深入系统研究各种信息资料的基础上，结合对分析对象的认识和理解，在目标定位、实体结构、使命任务、各种支撑条件等诸要素方面做出分析判断，为军事需求分析提供决策依据。

2.2.2　实事求是，科学规范

　　装备需求随着科技进步而发展，随着经济实力增强而提升。科学技术、

经济实力与装备需求之间存在着紧密联系，是相互促进的互动关系。科学技术和经济实力是装备需求的基础支撑。在装备需求分析中，遵循实事求是，科学规范原则必须从客观实际出发，坚持实事求是的科学态度，用科学的方法和规范的行为进行军事需求分析。

遵循实事求是，科学规范原则，应该把握以下 3 个方面的要点：

(1) 坚持实事求是的科学态度。装备需求的实现存在有利条件的支撑和不利因素的制约，实事求是地进行装备需求分析，就是准确把握需要与可能的关系，立足现实，兼顾发展，寻求解决需要与可能之间的途径和方法，克服制约因素带来的负面影响，使军事需求的实现建立在客观而又科学的基础上。不切实际的盲目分析，必然导致重大损失。

(2) 严格遵守军事法规。各级各类军事发展战略、规划、计划规定的军事需求与发展目标具有决策上的法律效力，装备需求分析必须严格遵循这些法规，并保持与法规规定的体系建设和发展目标的一致性。现行的各类国家军用标准，具有严格执行的强制力，针对具体装备需求，必须以相应的国家军用标准为指南，进行装备需求分析。

(3) 规范装备需求分析活动。规范的装备需求分析活动是获得富有成效的装备需求分析效益的保证。进行装备需求分析，分析主体组成要合理，责任要明确，以负责任的态度进行军事需求分析；程序要规范，按照工程化思想组织装备需求分析工作，管理装备需求分析活动，使装备需求分析有序有效进行；装备需求分析报告要规范，谋篇布局逻辑严谨，内容表达条理清晰，用规范的军用术语和标准的技术术语进行描述，分析结论规范、准确。

2.2.3　注重效能，合理预测

装备需求是依据军队武器装备建设和军事斗争准备的客观实际需要提出的，是以加强军事体系建设和战斗力的提升为根本目的的。在军事需求分析中，遵循注重效能，合理预测原则必须依据军事体系建设和战斗力的提升的实际需要，突出和强化军事需求的效能性，合理预测未来发展，注重兼容性和前瞻性，使装备需求潜力得到最大的发挥。

遵循注重效能，合理预测原则，应该把握以下 3 个方面的要点：

(1) 准确把握装备需求的整体效能。装备需求的效能表现为体系建设的不断完善和战斗力的不断提升。因此，装备需求分析要统筹考虑具体分析对象各个组成要素以及环境对整体效能的影响，以提升战斗力为标准，强化体系意识，协调处理各种关系，以保证整体效能的发挥。

(2) 准确把握装备需求的预测风险。每一种具体装备需求都存在一定风险，如果对存在的风险估计不足或预测不当，都会造成严重后果。军事需求分析是探索未知、寻求良策的研究，只有在军事需求分析中合理预测，找到化解风险的途径和方法，才能避免风险。

(3) 准确把握装备需求的预测发展。装备需求的实现是一项多种学科交叉、融合的综合集成技术，装备需求分析不仅要准确把握综合集成产生的现实效益，同时还要关注并预测潜能的发挥和未来发展，为装备需求的可持续发展拓展生存空间。

2.2.4　联动思维，整体优化

装备需求分析是一项复杂的系统工程，也是一种创造性分析研究活

动，通常没有直接经验可以借鉴，只有运用联动思维，从不同视角发现问题，进而从整体上认识和解决问题。在装备需求分析中，遵循联动思维，整体优化原则必须把分析研究对象置于所处的体系中，从其在体系中与其他构成要素的联系和相互关系中分析论证，处理各种关系，达成整体优化，形成与其他构成要素的协调一致，共同发挥作用。

遵循联动思维，整体优化原则，应该把握 4 个方面的要点：

(1) 遵从思维的联动性。联动思维包括纵向联动、横向联动和逆向联动。遵从思维的联动性，就是不能孤立地思考问题，要从相似或相关的事物中启发联想思维，从构成事物各个要素的相互联系和存在的关系中去思考问题，要把相互关联的事物作为一个完整的有机体系，进行系统分析，从整体上考虑、认识并解决问题。

(2) 秉持综合集成的思想。具体的装备需求不仅有其构成要素，承担着一定的使命任务，而且还处于一定的环境，存在内外的信息交流。综合集成是从整体上考虑并解决问题的方法论。一方面要运用系统思想把多种学科结合起来分析研究军事需求，使军事需求各个方面概念准确，关系明确，逻辑清晰；另一方面要运用综合集成技术构建装备需求概念视图，使军事需求有一个可视的具象表示。

(3) 秉持优化结构的思想。结构决定功能。装备需求分析要依据分析对象的预期目标分析结构，科学设计结构，优化体系结构，使军事需求的整体结构可以承载赋予的使命。

(4) 秉持优化功能的思想。功能是装备需求发挥有利作用的具体体现。装备需求分析要准确把握和正确处理功能需求与可行性的关系，设计

的功能恰到好处，不可包罗万象。冗余的功能会造成装备需求不堪重负，因此，功能设计要优化组合，择强弃弱，设计的功能应是装备需求之需且能达成目标要求的功能。

2.2.5 具体问题，具体分析

装备需求空间具有纵向上的层次性，横向上的类别性。种类繁多的装备需求，其目标、性质、使命空间各不相同，赋予了装备需求不同的目的、功能和任务。在装备需求分析中，遵循具体问题，具体分析原则，必须把握具体装备需求的真正内涵、目标定位、使命任务以及与相似装备需求的区别和差异，针对具体问题，进行具体分析，以保证具体装备需求在军事装备体系建设中鲜明的特点、确定的地位和应有的作用。

遵循具体问题，具体分析原则，应该把握以下 3 个方面的要点：

(1) 准确把握装备需求的目标定位。装备需求目标定位是指装备需求所要达到的目的、标准及其在军事装备体系建设中的地位和作用。装备需求一定是为解决某种问题或达成某种目的提出的。只有透彻分析并确定装备需求的目标定位，才能使装备需求在军事装备体系建设中发挥特色明显的应有作用。

(2) 准确把握装备需求的使命空间。装备需求的使命是指装备需求所担负的任务和责任。装备需求一定是承担着明确的使命。只有准确分析并明确界定装备需求的使命空间，才能确定装备需求的任务范围和任务属性。

(3) 深刻理解装备需求的实际内涵。装备需求的内涵是指装备需求概念所包含的实质内容和本质属性。装备需求一定是具有自身的实际内涵。装备需求的内涵不仅反映了装备需求的实质和意义，也蕴含了装备需求使

命所要追求的目标。只有分析研究并深刻理解装备需求的内涵，才能准确把握装备需求的组成要素、属性特征、逻辑关系和框架结构，客观地认识具体装备需求。

2.2.6 客观公正，综合评价

装备需求事关军队武器装备建设和军事斗争准备之大计，特别是重大武器装备项目不仅投资高、建设周期长，而且存在一定风险。因此，进行装备需求分析，一定要从客观实际出发，既要科学而深入地研究，又要客观而公正地评价。在装备需求分析中，遵循客观公正，综合评价原则，必须坚持装备需求分析与客观评价的有机统一，把评价原则引入装备需求分析的全过程，对分析论证过程和分析论证结论运用科学的评价方法与采取客观公正的评价标准进行专业化、规范化评价。

遵循客观公正，综合评价原则，应该把握以下 3 个方面的要点：

(1) 确认装备需求的必要性。装备需求的必要性是指装备需求满足所体现出来的应有地位、作用、效益等增进因素的特性，是装备需求提出的必要理由。进行装备需求分析，必须对现实情况进行分析评估，找到存在的问题，提出解决存在问题的方案，对预发展装备需求的增进因素进行预测和计算，并与现实存在的增进因素进行比较，确认装备需求的必要性，使预发展的装备需求具有非它莫属的意义，这才是科学合理的装备需求。

(2) 确认装备需求实现的可行性。装备需求的可行性是指装备需求实现所具备的可以实施的特性，可行性是确保装备需求实现的基本条件。装备需求分析，在必要性的基础上，必须对经济基础、技术条件、时间进度、组织计划等条件进行客观的分析，只有基本条件得到有效保障和满足时才

是可行的，否则装备需求的实现存在很大困难和风险。

(3) 确认装备需求综合评价的手段和方法。综合评价是保证装备需求科学发展的重要措施。对装备需求的综合评价，是根据具体装备需求的本质特征和基本属性，建立评价标准和运用评价手段及方法有机结合的运作。评价标准用指标表示，根据获取方式分为可测试指标、可计算指标和可评估指标，以指标体系支持综合评价。评价手段和方法的学科性与合理运用，决定着评价的效率和质量。根据具体装备需求的影响因素和复杂程度，权衡利弊，把握关键，选择科学的评价手段和方法，是确保客观公正综合评价装备需求的保证。

2.3 装备需求的基本思路

装备需求，是军队为实现战略目标所需武器装备能力条件的综合要求，反映武器装备现实能力与打赢目标的差距，核心是作战需求，具有时代性、层次性、体系性、对抗性、动态性、复杂性等特点。装备需求研究，是从源头上把打赢战争需要什么样的武器装备、构建什么样装备体系搞清楚弄明白。

2.3.1 基本着眼点

装备需求的基本着眼点在于主动设计未来战争、设计未来军队、设计未来能力、设计未来装备。总体思路要坚持"三个基于、四个结合、六个转变"。"三个基于"就是始终基于战略目标、基于安全威胁、基于技术发展；"四个结合"就是坚持作战牵引与技术推动相结合、未来期望与现实

条件相结合、自上而下设计与自下而上实现相结合、总体定性描述与具体定量分析相结合；"**六个转变**"就是着力推进由被动应对向主动设计转变、由偏重建设向实战牵引转变、由突出要素向体系主导转变、由分散论证向联合集成转变、由粗放式组织向工程化推进转变、由封闭论证向协同创新转变。

2.3.2　基本指导思想

装备需求的基本指导思想是装备需求工作过程中必须遵守的原则和目标。具体如下：

(1) 聚焦实战。坚持以作战任务为牵引，以作战概念为导向，以作战能力生成为目标，评估能力差距，提出能力需求。

(2) 面向联合。着眼支撑联合、服务联合，融入联合作战编成论证陆军军事需求，包括陆军各兵种专业军事需求。

(3) 瞄准体系。按照"任务体系－作战体系－能力体系－清单体系"的链路，把体系思想贯穿军事需求生成的全过程。

(4) 创新驱动。坚持理念创新、概念创新和技术创新，探索运用新方法、新技术、新手段主动设计未来武器装备。

2.3.3　基本流程

装备需求开发的基本流程是军事需求开发的实质内容，着力解决军事需求生成工作中"要什么"的问题，主要依据战略构想和作战概念，重点回答未来遂行什么任务、需要什么能力、构建什么体系等问题。装备需求开发的基本流程如下：

(1) 确定作战任务。根据重点战略方向、战略构想、使命任务，分析和推导需求对象在联合作战编成内遂行的全部任务(包括指定任务和隐含任务)，确定主要任务，分析预期效果和任务条件，形成作战任务清单。以主要战略方向为例，陆军主要作战任务包括远程精确打击、斩首夺要、岛屿封控、跨海机动、立体登岛、岛上作战、维稳控局、综合防卫、参加抗御强敌干预行动等。

(2) 评估能力差距。以作战任务为牵引，以作战概念为引领，结合陆军参加指挥演练、实兵演习等大项演训活动，查找陆军在侦察情报、指挥控制、火力打击、野战防空、机动投送、战场建设等方面制约战斗力生成的能力短板。

(3) 提出能力需求。以胜战能力为标准，以现实能力为基点，按照能力框架分析、能力指标分析、能力需求集成优化的步骤，生成作战能力清单。陆军作战能力可从功能视角划分，分为侦察情报、指挥控制、立体突击、火力打击、特种作战、野战防空、信息作战、综合保障、机动投送等9个功能领域，且需深化细化能力指标，提出能力需求。

(4) 形成体系框架。对装备需求开发过程中相关步骤生成的文本进行梳理、提炼和总结，形成规范化、体系化的军事需求文本。

第三章　装备需求的内容框架

内容是一门学科的血肉，通常对应着工程的主要工作。内容框架的确立对于学科的发展至关重要，其丰富性、完整性体现着学科建设的程度，其层次性、关联性支撑着学科自身的格局，其科学性、实效性影响着学科理论应用的效益。因此，从客观实际出发，研究并建立装备需求的内容框架，对于巩固并发展装备需求的主体框架和建设方向、明晰需求领域内部分支的构成及其相互关系等方面都具有十分重要的作用。

3.1　装备需求的构成要素

军事需求的研究过程是一个不断深化认识的过程。在信息化、智能化战争条件下，正确、先进的军事认识日益成为加速军队战斗力形成和发展的重要因素。认识论不是单纯研究作为认识结果的知识，而是要研究知识是如何获得的和认识结果是通过怎样的认识过程达到的。如果把一个具体的军事需求分析过程看作是一个表现为一定活动和功能的动态结构，那么分析主体、分析客体和约束条件就是军事需求研究的构成要素。军事需求活动的物质承担者和客观对象，也就是分析主体和分析客体，构成了这个结构的两极，约束条件就是联系两极的桥梁和纽带。分析主体、分析

客体和约束条件构成了一个有机联系的整体，共同完成装备需求的研究任务。

1. 分析主体

分析主体是装备需求分析的主体性构成要素，是指装备需求分析活动的组织机构和参与分析的人员，是装备需求分析活动的承担者，由决策者代表、军事专家、系统分析员和工程技术人员组成。分析主体是装备需求分析的现实载体，在需求分析活动中起主导作用。因此，要求分析主体具有较高的理论水平，敢于坚持原则，以国家利益为重，从长远目标考虑问题，有较强的法治观念，精通专业，对相关专业的知识涉猎博达，满足分析工作所需知识的复杂性和多样性要求。在分析论证的组织管理中，分析主体应坚持个性差异的交流沟通，从多角度、多方面搞好协调工作，发挥各方面积极性，做到集思广益，合力攻关，实现分析论证效益的最大化。

2. 分析客体

分析客体是与分析主体范畴相对应的，是指分析主体认识和研究的具体对象，是装备需求分析论证的承受者。分析客体具有客观性，这是分析客体的首要属性，是不依赖分析主体的主观意志为转移的客观存在；分析客体具有对象性，这是分析客体的自然属性，具体装备需求成为分析客体，不仅由于它是一种客观存在，更重要的还在于它同分析主体发生具体联系，即首先成为军事装备实践的对象，从而成为装备需求分析的具体对象。因此，具体的武器装备需求是装备需求分析的直接对象，一切军事需求分析论证的活动，都是为促进和牵引具体军事需求的发展以及提高作战能力这一根本性目标服务的。在需求分析的整个过程中，具体军事需求始终是

需求牵引活动的直接作用对象。

3. 约束条件

约束条件是分析主体作用于分析客体的工具,是分析主体与分析客体联系的桥梁和纽带,共同构成了完整的军事需求分析工作。约束条件实质上就是分析目标、分析依据、分析方法和分析环境等因素。分析目标是指根据军事装备发展战略、各个部门和各个领域发展规划或计划,运用军费、技术等各种条件和力量来发展具体装备需求,力求其综合军事能力所要达到的预期目的和结果。只有确定了分析目标,装备需求分析才有明确的方向,才能对具体需求所需的各种资源产生凝聚和协调作用,从而达到最佳效果。分析目标主要由目标项目、目标值和时限三部分组成。目标项目反映了装备需求的能力,目标值反映了装备需求所要达到的功能水平,时限是指目标完成的期限。分析目标是一个由总目标、分目标、子目标及解决方案组成的递阶层次结构;分析依据是分析主体针对分析目标、分析任务以及要达到的分析结论而必须遵循的原则,包括军事战略方针、军队建设理论和作战理论、军兵种发展战略、军队建设要求、科学技术基础、经济基础、地缘战略关系等;分析方法是分析主体对分析客体发挥作用的手段体现,常用方法包括综合集成分析方法、系统分析方法、定性定量方法、预测分析方法、评价分析方法、逻辑分析方法等。不同层次的装备需求,需要灵活运用不同的分析方法,才能获得令人满意的分析成果;分析环境是指装备需求分析外部存在的,与之有紧密和广泛联系的一切客观因素及条件的总和,它的存在对装备需求及其分析有着影响和制约,包括社会、政治、经济、科技,以及可使用的人力、物力、财力、技术、信息等资源。

3.2 装备需求的基本特征

装备需求是涉及国家安全的一种重要需求，也是一种特殊的社会需求，受国家安全威胁、作战对手以及军事行动的方式、环境和规模的影响与支配，具有不同于其他类型需求的显著特征。同时，装备需求作为一项独立的工程实践工作，显然具有其自身的特点。从横向看，装备需求的这些特点如果与其他领域的活动相比较，可能并不突出，甚至可以说很多工程实践活动同样具有类似的特点，但这一点并不奇怪，因为同属于工程性质的不同领域的实践活动，显然都会具有一些工程活动的共性。如果从纵向看，让装备需求工程与以往的装备需求工作相比较，这些特点就会清晰地显现出来，成为装备需求区别于以往的各类装备需求工作的重要方面，从而体现其先进性和优越性。

1. 论证前瞻性

装备需求是依据当前和未来一个时期联合作战需要、技术发展提出的，需要着眼于未来的作战样式、作战环境、技术发展等因素，装备需求论证是一个从无到有的设计和孕育过程，所涉及的依据、对象、目标、约束条件等都要依托对未来的预测，准确预测未来才能作出科学的判断。因此装备需求论证具有很强的前瞻性，是牵引武器装备发展的直接动力。

2. 工程系统性

装备需求工作所面对的装备对象是有层次之分的，例如装备发展战略需求、装备发展规划需求、装备体制需求、装备体系需求、装备型号需求

等，这些不同层次的装备需求之间并不是孤立的，而是存在着非常紧密的联系。在以往的装备需求工作中，这些不同层次的装备需求工作往往被区别对待和孤立对待，在受重视程度、影响范围以及开发要求等方面存在着明显的差异。虽然人们也清楚地认识到了它们之间的紧密联系，但受限于体制、机制、技术、开发实践要求等多种因素的影响很难把它们统一起来。装备需求综合论证则强调把围绕装备产生的各层次、各类型的需求及其相关工作纳入到一个统一的框架下，组建成一个统一协调的"装备需求工程系统"。在这个系统内，使用统一的顶层设计、科学的总体框架、明确的执行标准和规范的技术方法等一整套行之有效的理论与技术手段，使各层次的需求工作在系统中能够实现协调运转、相互促进，从而实现整个装备需求系统整体在运行与产出方面的最优化。这种把围绕军事装备产生的所有需求对象及其相关工作建成一个系统进行总体规划和统一管理的做法，是装备需求区别与以往装备需求工作的最大特点。

3．内容耦合性

不同层次的装备需求之间并非孤立，而是彼此紧密联系的。不同层次的装备需求之间存在着明显的继承耦合关系。这种关系存在于两个层面：从纵向看，较高层次的装备需求对较低层次的装备需求具有明确的约束作用，即较低层次的装备需求必须符合较高层次的装备需求，从而实现装备需求的逐级继承，所以，这种继承关系体现出的是"指导"的作用；从横向看，相同层次不同对象的装备需求之间，尤其是不同的装备需求开发项目之间，在需求开发的结果上存在着耦合关系，先期完成的需求开发项目的结果可以从一定程度上被后续其他类似的需求开发项目直接使用，从而

避免重复开发，提高生产效率，所以这种关系体现出的是一种"需求重用"的作用。需求从高层向低层的传递是一项十分重要的工作，它是将各层次装备需求凝聚成一个完整大系统的核心力量，也是确保装备需求工作能够始终沿着最初设计的方向稳步发展、逐渐细化的关键支撑。如果装备需求在纵向失去继承性，不但会使各层次装备需求成为相互独立的一盘散沙，也会使最低层次的装备需求成为决定装备发展效果的关键，而高层次的装备需求则变得缺乏实际意义，同时使得整个装备需求工作失去了宏观整体的约束和指导。"需求重用"是装备需求工程体系中的一项重要工作，它在很大程度上提高了需求开发的效率。例如，对于某型装甲车而言，经过一次成功的需求开发，其确立的需求方案对该型装甲车的多个方面都进行了定义，后续如果再遇到类似装甲车需求开发项目，经过实际分析认为新型装甲车在某几个层面上的需求与原来旧型号的需求完全相同，则可以考虑直接继承重用，省去了重新分析与论证的工作。装备需求工程化就是要创造这样一个适宜的实践环境，为各层次的装备需求之间以及不同的装备需求项目之间实现有效的、无损的需求耦合，提供体制上的支撑、机制上的保证以及方法上的辅助。所以，科学地实现装备需求在内容上的有效继承和耦合，是装备需求工程价值的重要体现，也是其主要特点之一。

4．流程规范性

装备需求的重要特征之一，就是对标准化、规范化的追求，以此促进需求论证工作质量与效益的最大化。因此，对装备需求论证工作的基本要求之一，就是需求论证过程中的所有活动都要尽力做到有标准可依、有规范可循，杜绝模糊地、随意地、无序地开展活动。美军将需求论证活动划

分为若干环节，每个环节都明确了工作流程、工作方法以及负责机构，每个环节的工作结果都按照产品的要求进行了明确的规范，这都是装备需求工程化的重要表现。装备需求论证过程的规范化，从一定程度上影响着需求工作的效率，它使得各项具体工作能够找到准确的定位，按照统一的标准运行，相互之间能够实现紧密地配合与协作。同时，有了规范化的工作过程，才能使不同时期、不同机构负责的不同类型和不同目标的装备需求开发项目按照相同的标准及模式展开工作，也使得这些项目在横向之间进行比较、借鉴和继承等成为可能。装备需求论证过程的规范化和标准化，就是为装备需求领域内所有的实践活动搭建起一个共同的、量化的、有效的基础平台，为这些活动充分地融入到装备需求工程这个大体系之中创造了条件。

3.3　装备需求的层次分类

装备需求是指为遂行军事任务或达到军事目标，对装备提出的要求。装备发展是一个由宏观到微观的递进过程，装备需求又是分层次的，包括战略需求、任务需求、能力需求、系统需求和技术需求，其中系统需求又分为体系需求和型号需求。

1．战略需求

装备发展战略是对未来一个时期装备发展工作的总体谋划，是对装备发展在高层次、大系统、全方位等方面的综合筹划。装备发展战略解决的是未来一定时期内装备发展工作中原则性、根本性、纲领性、方向性的问

题，对国家装备实力的形成与壮大起着至关重要的作用。制定装备发展战略通常需要从国家安全环境、军事威胁构成、军事任务构成、装备现有实力、装备目标实力、装备技术趋势等诸多方面展开综合分析，从而制定符合实际的、效果最优的装备发展战略，并以其为指导发展新型装备和构建新型或优化原有装备体系，最终达成壮大装备实力的目标。

2. 任务需求

任务需求是在一定时期内为完成可能担负的作战任务而对武器装备建设所提出的基本要求。这里"一定时期"是指未来的一个时间段以及特殊情况下的任务等；"完成可能担负的作战任务"是指为赢得未来作战而可能担负的各种作战任务，包括主要任务和辅助任务以及特殊情况下的任务等。装备任务需求是指为满足各类军事任务，装备需要对装备品种的构成方案以及同种装备的变型方案提出拓展、改进与优化的基本要求。军事装备建设基本要求可以理解成为完成可能承担任务的最低标准。

3. 体系需求

军事装备体系需求是指装备体系为了满足未来一体化联合作战需要必须符合的条件或具备的功能，是装备体系组织结构形式的描述。内容包括：

(1) 为完成一定作战任务或具备一定能力的武器装备体系所需具备的功能。

(2) 描述这些功能、性能或相关约束的条件和规则(装备体系结构)。

(3) 构成装备体系的装备系统或子系统的数量规模。

确定军事装备体系需求的过程称为装备体制系列需求论证，它来源于

装备体制系列论证实践工作。装备体制系列需求论证的目标是在装备发展战略制定的装备能力发展需求以及装备发展的方向和重点的基础上，进一步细化并明确装备发展的实施方案，即确定为达成装备能力发展的目标，应该对现有的装备品种和变型所形成的装备能力结构进行怎样的改进与优化，进而从宏观上进一步明确应该发展具有何种典型能力结构的装备品种，或者对现有的装备品种进行何种方式的改型。所以，在装备体制系列需求论证过程中，需要首先明确现有装备体制系列所形成的能力结构；其次明确其与装备发展战略需要的装备能力结构之间的差异，这些差异可能包括能力的差距、对等或冗余；最后根据不同的能力差异情况确定装备能力发展的具体方案，而在这个方案的制订过程中还要考虑现有装备的服役年限、国外同类装备的更新替代情况等诸多因素。装备体制系列需求论证的输出就是装备体制系列发展需求方案。该方案主要是从能力的角度提出现行装备体制系列应该从哪些方面进行能力的调整与优化，进而提出发展或改进装备品种的实施建议，其中包括这些装备品种所应具备的框架性的能力结构。

4. 型号需求

军事装备型号需求是单个的武器装备系统为满足能力需求向应该具备的功能特性和性能指标。其所关注的是系统功能方案，不涉及任何具体的装备结构设计方案。内容包括：

(1) 具备一定能力的单个武器装备系统所需具备的功能。

(2) 单个装备系统各子系统结构组成。

(3) 具备要求功能的单个武器装备系统作战使用性能指标。

5．技术需求

军事装备技术需求是为了实现武器装备的战术技术性能，从而形成核心作战能力，进而完成作战任务所必须采用的关键装备技术。其中，装备技术是直接用于装备领域的技术科学和应用技术的统称，包括武器装备研制、生产、使用、维修过程中所涉及的技术基础理论和基础技术及应用技术等。

第四章　装备需求的生成

装备需求生成是一个充满了矛盾运动的过程，需要与可能并存。一方面时代的发展和认识的深化，使得军事装备体系对武器装备系统建设产生了现实需求，但是这种需求又并非一定是必要和可行的，关键就在于如何提出科学、合理的装备需求。另一方面装备需求又是相对的，其需求的侧重点在一定条件下可以互相转化。在矛盾运动过程中，牵引、推动和制约装备需求发展的因素构成了装备需求分析的基本依据，也是获得装备需求分析结果正确、可靠、有效的重要保证。

4.1　装备需求的产生依据

装备需求的实践活动不可能漫无边际、不受限制地随意开展，而是必须要受到一定的约束和引领。装备需求的产生必须依托于一定的基础，它们是需求产生的出发点；同时需求的产生还必须符合一定的要求，它们是需求产生的约束。这些条件都是装备需求实践不能忽略和必须予以着重考虑的要素，主要体现在以下几个方面。

1. 军事战略方针

国家军事战略方针是国家基本军事政策，是统揽军事力量运用和建设

的总纲，它根据国际形势和敌我双方政治、军事、经济、科学技术、地理等诸因素进行分析判断，并科学预测战争的发生与发展，对军事需求的发展产生强劲的指导和牵引作用。国家军事战略方针指明了军事需求的发展方向和目标，确立了军事需求的发展思路，明确了军事需求的发展重点，是军事需求分析的基本依据。

国家军事战略方针中包含着对武器装备整体建设水平的需求，体现着对未来军队发展方向和重点的要求。军队的发展要达到这些目标，需要从多方面开展综合性建设，军事装备建设就是其中的一个方面。因此，军事装备建设如何辅助军队建设达成国家军事战略预期的目标，就成为开展装备需求工作的基本出发点之一。所以，国家军事战略方针是装备需求产生的重要依据。

2. 基本任务

通常说"打什么仗造什么武器"，体现的就是军队的基本任务对装备发展的牵引作用。军事装备的主要价值和目标所在，就是要辅助军队更好地完成各项军事任务。所以，军队未来将要担负的典型军事任务，尤其是作战类任务必然成为军事装备发展的主要牵引力，军事装备的发展必然要以如何辅助军队更好地完成这些任务为根本出发点。军事任务对装备需求的影响，主要体现在任务面临的自然与社会环境，任务可能面对的装备、国家或自然界的对手，完成任务在时间与效果方面的基本要求等方面。因此，军队的基本任务及其蕴含的诸多影响因素就成为装备需求实践的重要依据。

3. 现代作战理论

作战任务是现代军事装备承担的全部军事任务中的主体部分。可以说，绝大多数军事装备的设计出发点都是直接或间接地服务于作战使用的。因此，作战使用是装备需求产生的重要源泉。作战指挥是一门艺术，但却不表示它可以随心所欲地任意发挥。相反地，作战行动必须要遵循一定的战术战法，需要以一定的作战理论为指导。尤其是在当今这样一个军事思想与军事技术都在发生重大变革的时代，作战理论的转变也十分显著，这就要求军队的行动必须能够有效地贯彻落实新的作战理论的要求，而军事装备更应该能够适应新的作战理论的要求，并且能够协助军队更好地完成新作战理论指导下的行动任务。可见，军事装备的发展必须符合并适应现代作战理论的特点与基本要求，要成为军队执行现代作战理念的"助推器"，而不能成为"绊脚石"。所以说，现代作战理论是开发装备需求的重要依据之一。

4. 装备运用理论

作战理论是指导军队整体行动的基本原则，是对作战活动的整体性、宏观性进行指导的准则。在作战理论的框架下，单就装备而言，针对如何更高效、更安全、更协调地运用装备等一系列问题，也有一套专门的理论作为指导，这套理论就是装备运用理论。相对于作战理论而言，装备运用理论更具体、更直接地描述了装备的使用原则，揭示了装备个体效能最大化、装备体系整体效能最优化等方面的基本规律，有助于使用人员更好地运用装备达成应用目标。如果说对一个历史上从未出现过的纯创新的装备而言，是装备自身的特点决定了它的运用原则，那么对绝大多数属于改进、

改型、升级等方式发展出来的新型装备而言，过去所积累的装备运用方面的经验与原则则成为一笔宝贵的财富，它决定了后续同类型的装备在一般情况下应当更注重这些运用原则以便于将装备的使用效能发挥到最大。所以，在装备需求开发的过程中，参照并符合装备现有的运用原则，提高装备的应用效能，就成为该项工作的基本要求之一。

5. 装备体制编制

在多数情况下，在执行军事任务时，装备通常都不是单独使用的，而是与相同或不同类型的多件装备配合起来一同使用的。这种多件装备组成装备单元甚至更大规模的装备集团的组合方式逐渐固化以后，就形成了装备的体制编制。装备的体制编制是一种具有强制性、法规性的装备编组模式，可以说绝大多数的装备都是在一种特定的编制下投入使用的。因此，在开发装备需求时，就不能单一地、片面地关注某一类型的装备个体的能力和性能表现，而是要将装备放在其未来可能被配置其中的装备体系中。追求依照此体系构建的装备集团的整体能力与性能的最优化，就需要考虑该类型装备与某种装备编制体制下的其他装备之间的配合与协作问题，尤其是整个集团的整体性能问题。由此可见，装备需求的开发不能脱离装备的体制编制，装备体制编制是装备需求生成的基本依据。

6. 相关约束条件

装备需求不可能不受限制地随意设计，而是必须在一定的框架约束内寻求最优化的结果。装备需求产生过程中存在的典型约束包括经济承受能力、工业基础条件、加工工艺水平、项目风险程度、工程进度要求、政治影响因素(国际公约与社会舆论)等。很明显，装备需求必须从一定程度上

满足此类条件的约束，否则将会使需求的可实现性大打折扣，进而造成整个装备需求工程项目的失败。例如，如果经费预算严重超出预期，或者现有的加工工艺水平根本不可能达到要求，或者按需求开发的装备可能造成非常负面的政治影响以致不能接受等，这些情况都可能导致需求方案成为一纸空文，即使单从设计的角度来看，装备需求方案可能非常先进、非常优化，最终也难以付诸实践。所以，相关约束条件是装备需求产生的重要依据。

4.2　装备需求的分析方法与生成流程

4.2.1　装备需求分析方法

装备需求分析方法是指对军事装备系统建设的需求依据、内容和规格等进行研究分析及论证所采用的技术与工具及手段。科学的装备需求分析方法，是揭示军事需求内在和外在关系的有力工具，是启示人们深刻认识装备需求潜力的重要手段。装备需求分析必须以系统工程方法论为指导，选择和应用科学的方法对具体装备需求总体及构成要素进行研究、分析、论证和描述，为决策者选择满意的系统方案提供决策依据。

装备需求是一个十分广泛的概念，也是一个复杂的多维体系。装备需求分析必须根据具体武器装备需求的性质、类型、目标、内容、时间阶段、环境空间等要素，遵循具体问题具体分析的原则。虽然在装备需求分析实践中，已经形成了许多行之有效的分析方法，但是并不是某种单一方法就能解决问题。装备需求分析方法必须坚持系统观念、综合集成观念、定性

定量相结合的观念、多种方法兼施的观念，针对具体分析内容，综合应用科学方法，以求得到满意的分析结果。

4.2.2 装备需求生成流程

装备需求生成流程主要研究装备需求论证从起点到终点之间应该经历的过程，研究内容包括该过程的主要环节、各环节主要任务和成果形式，以及各环节间的协作接口等问题。一般而言，装备需求生成流程按照工作内容的性质和特点划分，从前至后可以划分为以下 5 个主要环节。

1．需求获取

需求获取是装备需求论证的第一个环节，其主要任务是在正确理解和准确把握国家军事任务定位的基础上，从装备发展领域提出应对此种任务的方法，并据此提出装备需求条目。需求获取活动的输入是军事任务，输出是粗糙需求集。

需求获取环节的目标是找到一组需求集 R_k，使得 R_k 逼近或等于军事任务对装备发展的真实需求集 T_n。由于人们认识能力有限，这一目标很难达成，因此在深入研究的基础上必须广泛拓展需求获取渠道，例如建立由总部机关、作战部队、科研院所，甚至是民间团体等多方参与的需求获取环境，引导更多的思想和智慧参与其中。所以，需求获取工作的原则是无约束地广泛获取需求，宁滥勿缺，力争实现 $T_n \subseteq R_k$。以此种方式获得的需求条目集，未考虑诸需求条目间可能存在着的严重冲突，一些需求条目甚至是不切实际的，它们之间的关系完全不清楚，处于相互独立的状态。这种不考虑需求条目正确性、有效性、可行性等性质及其相互关系，仅将

其进行简单堆砌所得到的需求集 R_k，称为粗糙需求集。

2. 需求分析

需求条目的各种性质及其相互关系必须明确。这项明确工作主要由装备需求论证的第二个环节，即需求分析环节来完成。需求分析活动，同样是在正确认识国家军事任务定位的基础上，对粗糙需求集中的需求条目进行逐一分析识别，对其科学性、正确性、重要性、可行性、合理性、先进性、风险性等诸多性质，以及各条目之间的相互关系与符合程度，做出准确判断，从而谨慎地排除干扰项，得到理想需求集 R_n，使得 $R_n \approx T_n$。需求分析活动的输入是粗糙需求集，输出是理想需求集。

需求分析环节的工作原则是去粗取精，去伪存真，即经需求分析环节所确认的需求条目必须性质清楚、指向明确、相互关系明确。理想需求集 R_n 应该与特定军事任务对装备发展的真实需求集 T_n 充分逼近，至少不能有重大偏差。

需求分析环节并不适合与需求获取环节合并为一个环节，因为二者的工作内容、工作模式、主要方法、参与单位等方面都存在着明显差异。需求获取环节有很多单位参加，每个单位提出的需求都是有限的，不可能全面。如果将需求获取和需求分析环节合并，那么当某个单位提出一组需求后就应该分析其关系，筛选掉自认为没用的需求。那么当对众多单位的分析结果进行综合时，原来确定的关系随着新需求的融入很可能被打乱，而原先认为不可行的需求也可能随着新需求的融入变得可行甚至很有价值。因此，先期分散的需求分析不但没有价值，而且会导致需求信息的损失、浪费，费时费力，是不可取的。而按照两个环节实施时，需求获取环节由

众多单位参加并统一汇总,力争需求条目的完备性,需求分析由专职机构实施保证了需求条目的准确性,这样做不会产生冲突、浪费与遗漏,且便于管理。

3. 方案拟制

理想需求集中的需求条目都从一定的侧面反映了特定军事任务对装备发展的某种需求,但这些需求往往难以同时满足。例如有些需求属于相互制约型,强化某一项的同时必须弱化另外一些项;有些需求属于不可兼得型,有选择就必须有放弃。这些特点决定了理想需求集通常是不可实现的,它并非装备需求论证的最终结果。只有根据人们对军事任务特点的深刻认识,结合国情、军情,充分考虑诸方面的制约因素,从理想需求集中提取若干需求条目组成可以实现的需求方案,才能确保装备需求论证的最终结果是具有实际意义且能够付诸实践的。这个从理想需求集中提取需求条目组成需求方案的过程称为方案拟制过程,是装备需求论证活动的第三个环节。因为在提取需求条目时,根据不同的侧重点、不同的发展需要或不同的约束条件,可以产生许多种需求方案。而且出于需求研究、优劣比较、方案评价等方面的因素考虑也会要求需求方案的编制不能单一化。所以,方案拟制环节的结果应该是一定数量的、各有侧重的多份需求方案,称为需求方案集。

方案拟制环节的任务是从理想需求集 R_n 中抽取出若干种需求条目的组合 R_{m1},R_{m2},$\cdots$,R_{mj},其中 $R_{mj} \subset R_n$,$j \subset n$。上述每一种条目组合称为一个需求方案。需求方案本身必须是可实现的,具有明确的目标,方案中的各需求条目之间必须无冲突,无矛盾。这就要求在拟制方案的同时不仅

要充分考虑各需求条目之间的关联关系和耦合程度,以及各需求条目本身的性质,还要充分考虑各种制约因素对需求条目可实现性的整体影响。需求分析与方案拟制两个环节的差异体现在:需求分析环节主要考虑需求条目的真实性等自身特性和相互关系,虽然强调可实现性,但考查对象是需求条目个体;方案拟制环节主要是要找到若干种期望且可以实现的方案,虽然也考查可实现性,但考查对象是需求集整体。

4. 方案验证

每一个需求方案都明确提出了两方面的内容:预期实现的具体目标和保证该目标得以实现的需求集。因此,对于方案拟制阶段得到的需求方案集而言,突出存在着两个不确定因素:一是对于任意需求方案而言,方案中的需求集是否真的能够达成或者能够从多大程度上接近方案预期的目标;二是在众多方案中,哪个方案是在有限条件下的最优方案。装备需求论证的第4个环节,即方案验证环节就负责解决上述两个问题。方案验证环节通过科学有效的方法对方案目标与方案需求集之间的符合程度给出评价,同时结合实际情况对各个方案进行综合评价,寻求最佳方案。

方案验证环节的输入是需求方案集,输出是最佳需求方案及需求方案评估报告,其内容包括各方案的目标符合度评价、方案总体评价、改进建议、方案排序等。

方案验证环节的目标是在需求方案集中寻求一个最佳方案 R_m,使得 R_m 最逼近真实的最佳需求组合 T_m,即 $R_m \approx T_m$。当实际过程中因受到较强的约束限制,使得 R_m 与 T_m 相差较大时,也应保证 R_m 为需求方案集中最优。通常经方案验证环节后会发现原先的需求方案的不足之处,其中许多

方面可以改进，因此方案验证环节的结束并不表示下一环节的开始，而通常是回到前面的方案拟制环节重新制定更好的方案，甚至回到需求分析阶段重新认识需求条目的性质和关系，然后按顺序重新执行各环节内容。可见寻求最佳需求方案的过程是一个反复迭代的过程。方案验证环节最终结束且不再返回迭代时，标志着一个相对最为理想且实际可行的需求方案产生。

5. 需求确认

需求方案不仅是装备需求论证活动的研究成果，而且是指导装备发展实际工作的纲领性文件，具有强制性、约束性，必须经过相关领导机构或主管部门批准签发并颁布执行。另外，需求方案作为一种制式文件，其在格式、内容等方面必须遵循一定的规范。标准化后的装备需求方案称为装备需求文档。需求确认是需求论证最后一个环节，装备需求文档是需求确认环节的主要对象，也是需求论证活动的最终结果。需要说明的是，需求确认阶段的主要工作内容，不仅包括对装备需求文档的确认，还包括对整个论证项目的研究过程、指导思想、主要方法、实验环境等诸多内容的确认，是对装备需求论证活动从过程到结果的整体可接受性的确认。

综上所述，装备需求论证活动各环节及其相互间的逻辑关系共同构成了装备需求论证模式，这一模式是 5 个环节顺序进行、中间 3 个环节反复迭代的过程。5 个环节内容既相对独立、自成体系，同时又环环相扣，上一环节的输出就是下一环节的输入。装备需求论证模式的整体示意图如图 4-1 所示。

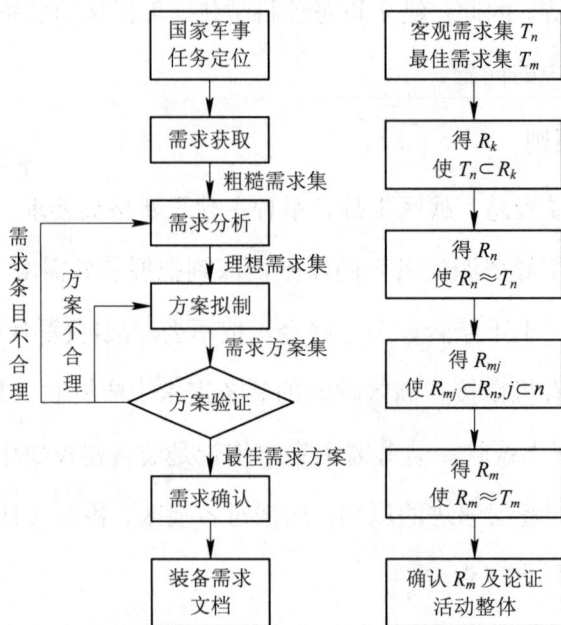

图 4-1　装备需求论证模式示意图

4.3　装备需求的生成机制

我军装备建设虽取得了一系列重大成就,但受多重因素制约,装备需求工作与自主式发展、体系化建设需要相比还有差距。装备需求生成流程不完善、机制不健全是其中的重要原因之一,主要体现在:装备需求没有实现有效集成和统一管理,分散于装备建设规划纲要、建设规划计划和具体建设项目等环节,主要依托规划编制生成装备体系需求和装备项目立项论证生成具体项目需求;缺乏"建、管、用"的有效衔接,装备需求生成与研制建设、部队管理、作战运用结合不紧,重项目立项、轻验收把关,提报多、反馈少,没有形成贯穿装备管理全寿命周期的反复迭代、环环相

扣的完整链条等。因此，建立和完善科学化、工程化的装备需求生成机制是当前急需解决的问题。

1．确立原则

按照"军委管总、战区主战、军种主建"新格局要求，体现"需求牵引规划、规划主导资源配备"的原则，深刻把握装备需求生成特点规律，坚持专司主责、上下结合、多方联合，按军委—战区(军兵种)两个大的层级管理，构建有机衔接、高效顺畅的装备需求生成机制。具体内容如下：

(1) 坚持集中统管。装备需求集中统管是装备建设集中统管的前提，贯彻自顶向下、逐层递进的原则，加强对各战区、各军兵种装备需求工作的顶层指导和联合审查。

(2) 坚持服务作战。将战区作为装备需求提报的主体之一，从源头上解决联合作战需求生成不足的问题，及时反映一线部队在军事斗争准备中的现实需求，进一步突出装备需求的针对性和时效性，进一步突出实战牵引。

(3) 坚持"双牵双驱"。既强调作战运用对装备发展的牵引作用，又充分考虑创新技术可能催生的新作战概念、作战样式和装备形态；既把握技术能力对装备发展建设的支撑作用，也重视作战运用对装备和技术升级改进的反向驱动。

(4) 坚持体系生成。按照联合作战体系要素，建立体系和各功能域需求论证与审查机制，坚持将体系贡献率和体系融合度作为需求生成的重要标准，通过加强体系需求审查，提高装备体系建设效益。

(5) 坚持多方协作。在装备需求生成过程中，组织作战、后勤、科技、

训练、动员等部门参与，建立跨部门、跨领域的联合需求审查生成机制，组织军委机关、部队和科技人员集智攻关，确保需求内容完整、科学合理。

(6) 坚持全程管理。把装备需求符合度作为装备建设全过程管理的主要标准，促进装备需求与项目全寿命管理的有机融合，同时根据形势任务发展变化和装备建设工作深入推进，搞好装备需求迭代验证和螺旋式发展。

2. 职责分工

在中央军委领导下，军委装备机关具体承办全军装备需求管理工作。其管理工作具体内容如下：

(1) 按照军委对全军需求工作的总体要求，配合军委联合参谋部制定全军军事需求顶层指导意见，组织实施全军装备需求顶层指导。

(2) 联合军委有关机关制定联合作战装备体系需求，审查重大装备项目需求。

(3) 组织研究、确定技术反向牵引装备需求。

战区贯彻军委对全军需求工作的总体要求，根据战区使命任务、作战方案计划，以及联合战备训练、日常战备值班暴露的差距问题，负责战区方向装备体系(装备项目)需求综合论证，按要求提报有关需求。军兵种贯彻军委对全军需求工作的总体要求，负责本军兵种装备体系和重大装备项目需求论证及提报，负责重大装备项目外的装备项目需求审查，负责分管装备项目的全寿命需求管理，重点构建完善装备和部队及技术相结合的联合工作制度、需求标准化制度、装备项目需求版本控制制度、装备项目需求评估验证制度等，以确保装备项目建设紧贴实战。

3．工作模式

军委层面，立足现有组织架构、机构职能，创新协调机制，加强横向协调机制，形成专司主责、多方参与、联合把关的工作模式。在军委机关之间，重点打通军委装备机关与联合参谋部之间、军委装备机关与科技部门之间的有效沟通渠道，形成装备需求联合审查能力。在军委装备机关内部，围绕联合作战各环节的分装备体系、综合保障和技术牵引等若干的领域，联合军委机关相关业务部门，建立分领域装备需求联合审查机制。必要时，可考虑建立联席会议制度，加强与联合参谋部、政治工作部门、后勤保障部门、训练管理部门、科技部门、战略规划部门等军委机关的横向协调，促进部门之间的联合把关。此外，充分利用征求意见等现有协调机制，审查装备建设涉及的力量结构、部队编成、战场建设、运用训练、人才培养、后勤保障等配套需求。战区参照军委层面装备需求生成机制方案的总体框架和要求，依托现有军事需求管理机构，建立与全军装备需求生成机制相衔接的战区装备需求论证提报机制。军兵种参照军委层面装备需求生成机制方案的总体框架和要求，建立由军兵种装备部门牵头，军兵种参谋部门、政治工作部门、后勤保障部门等参与的军兵种装备需求生成与联合审查机制，进一步加强军兵种作战、政治工作、后勤、装备等部门对装备需求的联合审查把关。

4．工作流程

装备需求生成通过自上而下指导和自下而上审查的方式展开，包括顶层指导、需求提报、需求审查和需求管理4个环节。

(1) 顶层指导。以国家安全战略、军队使命任务和军事战略方针为指

导，由军委批准下发全军军事需求编制(修订)指导意见，明确对装备需求论证提报的具体要求。

(2) 需求提报。各战区(军兵种)根据指导意见和各自使命任务、各战略方向军事斗争准备需要等，结合军事需求论证(或单独论证)提出并上报本战区(军兵种)装备体系、装备项目需求。

(3) 需求审查。由军委装备机关协调军委有关机关对战区(军兵种)上报的装备体系、重大项目需求进行联合审核，形成联合作战装备体系需求和重大装备项目需求，并征求军委联合参谋部等机关意见，报军委审批；重大装备项目外的装备项目需求下放军兵种组织论证并审批。

(4) 需求管理。在装备项目建设全寿命过程中，军兵种通过需求的基线控制、版本管理等手段，与装备承制单位、战区部队共同迭代细化需求，并实施需求反馈。

第五章　装备需求论证

　　装备需求论证是武器装备需求的开发和验证过程,是为武器装备发展提供决策依据的研究工作。其研究对象是未来要发展的武器装备要求,输入是作战单元的使命任务,输出是满足使命任务需求的武器装备需求方案,其成果形式一般为论证报告,论证结论作为上级决策部门进行武器装备发展决策的基本依据。

5.1　基于能力的装备需求论证模式

　　装备需求论证模式是对武器装备需求论证主要环节与流程的描述,揭示了装备需求论证工作的基本步骤和规律。装备需求论证必须解决的基本问题是"提出问题、分析问题、提出解决方案、评估方案、论证结论"。装备需求论证主要包括武器装备需求问题表述、需求分析、提出方案、方案评估、论证结论 5 个主要步骤,每一步骤既相互独立,又紧密相连,上一步的输出是下一环节的输入,其中需求分析、提出方案和方案评估等环节是循环迭代、不断优化的过程,是装备需求论证的核心环节。

5.1.1 基本内涵

基于能力的规划强调"为威慑和打败敌人需要具备何种能力"，突出了能力在国防战略中的重要地位。将其运用到装备需求论证领域中，是指在需求分析过程中，为了适应未来威胁不确定性的特点，根据作战单元的使命任务，分析得出能力需求，并以能力需求为指导，确定武器装备需求方案，从而指导军事装备发展建设，即基于能力的装备需求论证。

基于能力的装备需求论证模式(如图 5-1 所示)是相对于基于威胁的装备需求论证模式的，强调了能力需求在装备需求分析中的牵引作用，着眼点更长远、更宽泛、更深化。用能力需求指导装备发展，能力需求分析是其指导过程中的重要步骤。

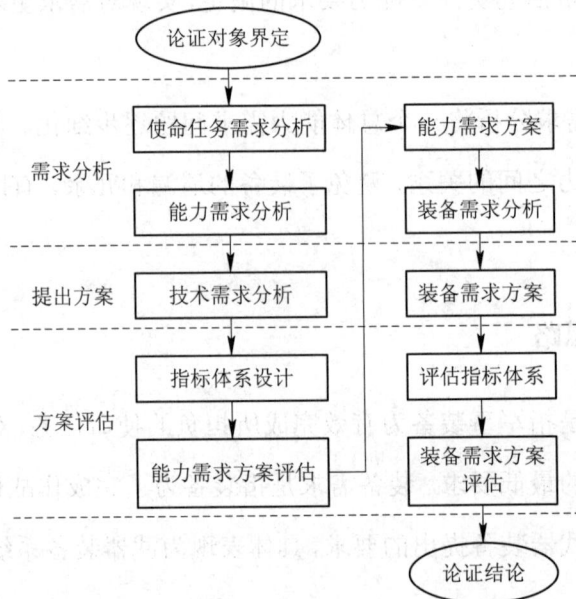

图 5-1　基于能力的装备需求论证模式

由图 5-1 可知，该模式最大的特点是能力需求分析是装备需求论证的

核心，贯穿论证过程的始终，任何阶段、任何部分的论证活动都应该围绕这个核心进行。在论证的各个阶段，能力需求的表征是不一样的：在使命任务需求分析中，表征为建立作战单元的使命任务需求体系，从而为抽象出能力需求建立基础；在能力需求分析阶段，表征为从使命任务需求体系中抽象出能力需求，对能力需求进行分解和优化，进而构建能力需求体系；在装备需求分析阶段，表征为寻求满足能力需求的武器装备功能结构。

在装备需求论证阶段强调能力需求分析的主要意义为：

(1) 能力需求分析将装备需求研究模块化、结构化，从而将装备需求的分析问题转变为容易求解的子问题。

(2) 能力需求分析是将装备需求问题在能力层次上得到抽象描述，从而使需求的分析活动更注重能力要求的满足，实现对需求更本质的分析和评估。

(3) 能力需求分析将一个总体能力需求问题逐步细化、具体化，从而建立各个子能力之间的关系，避免了装备的遗漏和冗余，有助于整个装备体系的优化。

5.1.2　论证思路

能力需求是指军事装备为有效完成所担负的使命任务，对其应具备的作战能力提出的最低要求。装备需求是指装备为了完成作战任务，为满足能力需求而对武器装备提出的要求，具体表现为武器装备系统的性能需求方案。

能力需求是基于能力的装备需求论证分析的核心，只有通过能力需求规划以及非装备因素分析，才能得到指导武器装备发展的需求。因此，基

于能力的装备需求论证其本质是将抽象的使命任务通过能力需求转变成为具体的装备性能需求方案的过程，如 5-2 所示。

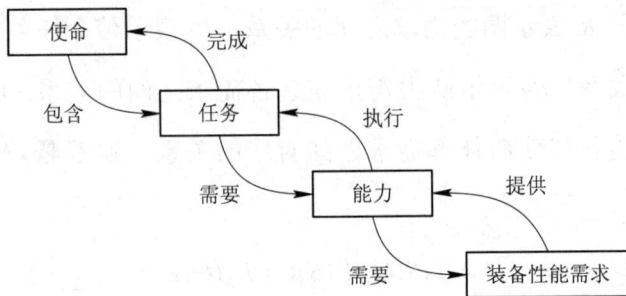

图 5-2　基于能力的装备需求论证各阶段转变过程

打个简单的比方，把军事装备建设规划比作人才培养规划，为了适应未来社会的各种挑战，首先要确定未来培养的学生应该具备什么样的能力，包括学习能力、交流能力、生活自理能力、工作能力等，然后分析为了使学生具备以上能力，需要设置什么课程、参加什么社会实践、进行什么教育，由此制定我们的人才培养方案。这样培养出来的学生，在实际工作当中在遇到不同的工作任务时，只需要灵活运用上述各项能力，就可以胜利完成各项工作。即人才培养规划的核心是确定学生应具备的能力，在此基础上再分析需要建立的课程体系。

假设用集合 S 来表示使命任务需求集合，E 来表示装备需求方案。$S = \{S_1, S_2 \cdots S_n\}$，$S_i$ 表示使命任务的某项子需求；$E = \{E_1, E_2 \cdots E_m\}$，$E_i$ 表示武器装备的概念模型。传统的需求论证模型可以表示为 $S \rightarrow E$，即由使命任务需求直接分析得到装备需求方案。

基于能力的装备需求论证强化了抽象和概括能力需求的概念。用 G 表示能力需求集合，$G = \{G_1, G_2, \cdots G_n\}$，$G_i$ 表示能力需求的分指标，这样，

则可以通过集合 S 与集合 G 之间的映射来描述使命任务需求与能力需求之间的对应，通过集合 G 与 E 之间的映射来描述能力需求与装备需求之间的对应。用 R 表示两类需求之间的关系，R_1 表示使命任务需求与能力需求之间的关系，R_2 表示能力需求与装备需求之间的关系。用效用函数 U 表示军事装备与使命任务需求之间对应的关系，则 U 依赖于 S、G 和 R，即

$$U = f\bigl(S,G,R_1(S,G),R_2(G,E)\bigr)$$

满足效用函数 U 最大的装备需求方案，就是最符合使命任务需求的装备需求方案。

5.1.3　论证流程

在明确了上述概念的基础上，基于能力的装备需求论证流程可以描述为"使命任务需求—能力需求—武器装备需求方案"，如图 5-3 所示。

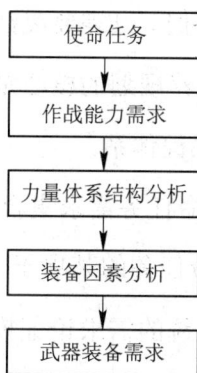

图 5-3　基于能力的装备需求论证流程描述

首先分析遂行的使命任务，抽象出所需的作战能力(作战能力需求)，

然后建立作战力量体系结构方案(力量体系结构分析)，分析实现作战能力的各种实现途径(装备因素分析)，提出满足作战能力的武器装备实现途径，即武器装备需求。它的核心是定义能力需求并对其分析，从而抽取出对武器装备的要求。

5.2 装备需求论证的基本方法

装备需求论证是一项关系到国防和军队建设全局的基础性工作，无论是国家层次、军队层次、联合层次，还是体系层次和系统层次的军事需求论证，都是一项涉及多个领域的复杂工作。要提升装备需求论证的质量和水平，确保提出准确、完整、恰当的武器装备需求，必须针对具体问题的具体情况，采用相应的具体方法。在装备需求论证中，有一些方法具有普遍性，应用比较广泛，主要有逻辑思维方法、系统工程方法、综合集成方法、信息分析方法、综合评价方法等。

5.2.1 逻辑思维方法

理论认识的基本形式是科学抽象和逻辑思维。通过科学抽象，人们才能就事物的内部联系做出统一的科学说明，人们对事物本质的认识是通过一系列抽象来完成的。通过逻辑思维，人们才能认识事物之间的联系，推演归纳出规律。在装备需求论证中，经常需要采用形式逻辑、辩证逻辑、数理逻辑等多种逻辑思维方式，从大量的装备需求论证实践或观察材料中得到感性认识，通过概括和推理，从而形成概念，并上升为理性认识，以获得定性分析的结论。

逻辑思维方法主要包括比较、类比、归纳、演绎、分析、综合等基本方法。比较是针对事物之间的差异性和同一性进行事物的对比分析,经常用于装备需求论证中对客观事物进行定性、鉴别和定量的分析,揭示不易直接观察的运动和变化,以及追溯事物发展的历史渊源和确定事物发展的历史顺序。类比是将事物分门别类后进行对比研究,从中发现规律,特别是根据两个(或两类)对象之间在某些方面的相似或相同而推导出它们在其他方面也可能相似或相同的一种逻辑方法,常用于装备需求论证中的预测领域,并指导装备研究工作的方向。归纳是从个别事物的现象的研究中概括出一般原理或结论的逻辑思维方法,是由已知推出未知的方法,也是由特殊到一般的认识过程,在装备需求论证中常用于整理从事实中得出的普遍规律或结论。演绎是从一般到个别的推理方法,即用已知的一般原理考察某一特殊的对象,推出有关这个对象的结论的方法,常用的是"三段论"推理方法,在装备需求论证中常用于进行严密的逻辑证明。分析是把整体分解成部分、把复杂的事物分解为简单要素分别加以研究的一种思维方式,以通过现象把握本质,在装备需求论证中常用于逐个领域、逐个部分进行研究。综合是在分析的基础上,将研究考察的对象的各组成部分或要素相互联系在一起,并把它们在思维中整合为一个整体,从整体上把握事物本质和根本规律。例如,在装备需求论证中,利用分类法可使大量繁杂的武器装备类别及所研究的问题系统化、条理化,为研究人员在论证中分门别类地深入研究创造条件。

5.2.2 系统工程方法

系统工程方法是现代科学中最重要的思维方式,也是装备需求论证中

运用最广泛的一种方法。系统工程方法在系统科学结构体系中，是一门新兴的科学方法，在装备需求论证中，可以用于分析和解决一些复杂的体系和系统问题。钱学森提出，系统工程是组织管理系统的规划、研究、设计、制造、试验和使用的科学方法，是一种对所有系统都具有普遍意义的科学方法。这里系统工程包含有三层含义：一是系统工程用于工程技术范畴，主要是组织管理的技术；二是系统工程是研究工程活动全过程的工程技术；三是这种技术具有普遍的适用性。由此可见，系统工程是一门工程技术，是直接服务于改造客观世界的社会实践的技术。具体地说，它是组织管理的技术，是一大类工程技术的总称，系统工程可以解决物理系统(一般指工程系统)的最优控制、最优设计和最优管理问题，也可以解决事理系统(一般指社会经济系统)的规则、计划、预测、分析和评价问题。应用系统工程有两个并行过程：一个是工程技术过程；另一个是实现工程技术过程的管理过程。实际上，系统工程是将系统观点、数学方法、计算机技术和其他科学技术相互渗透、相互交叉综合形成的一大门类的工程技术。系统工程的常见方法有：霍尔提出的三维结构模型，用于解决硬系统的分析；英国学者切克·兰德提出的调查学习法，用于软系统的分析；我国著名学者顾基发和华裔学者朱志昌博士提出的物理—事理—人理系统方法，用于复杂系统的分析。

　　系统工程的基本原理就是以系统为对象,把要组织管理的事物经过分析、推理、判断、综合，建立某种系统模型，进而以最优化的方法，实现系统最满意的结果。即经过系统工程技术处理，使系统达到技术上先进、经济上合算、时间上节省、能协调运行的最优效果。所谓优化，从广义上

讲，优化是使一个决定、一种设计，或者一个求解系统尽可能有效和完善；从狭义上讲，优化是一种途径和方法，就是从众多可行方案中找到实现目标的最满意方案；从数学上讲，优化是指在某些约束条件下，使目标函数达到极大值或极小值的数学方法。最优化可以通过建立优化模型，应用优化技术和方法，实现系统总体最优。例如，在装备需求论证实践中，运用系统工程方法可以对军事斗争发展的方向、目标，以及解决军事斗争问题的原则、方法所做的预测与择优，可以针对不同的作战对象和战场环境，分析、预测各系统的综合作战效果，从而选择出满意的武器装备需求方案。

5.2.3　综合集成方法

综合集成方法是我国著名科学家钱学森在研究、解决复杂巨系统问题时，提出的从定性到定量的综合集成方法，简称综合集成。综合集成的实质是专家经验、统计数据和信息资料、计算机技术三者的有机结合，构成一个以人为主体的高度智能化的人—机结合系统，发挥这个系统的整体优势，去解决复杂的决策问题。对于开放复杂巨系统的综合集成，要以人类积累的全部知识为基础，要在整个现代科学知识体系中做大跨度的跳跃，集大成，得智慧，产生新思想、新知识、新方法，钱学森称其为大成智慧。综合集成方法一般包括方法论层次的综合集成方法和工程技术层次的综合集成方法。

在方法论层次上，综合集成方法就是要把经验与理论、定性与定量、人与机、微观与宏观、还原论与整体论辩证地统一起来。综合集成方法在方法论层次上应注意以下三个方面：一是要重视运用实践经验，特别是专家的经验、感受与判断力；二是要将局部的、定性的专家经验通过建模与

计算机这些定性的知识和各种观测数据结合起来,使军事需求论证的局部定性的知识达到整体定量的认识;三是要把专家与计算机结合起来,充分利用知识工程、专家系统和计算机的优点,同时发挥人脑的洞察力和形象思维力,取长补短,产生出装备需求论证的主要结论。

在工程技术层次上,综合集成方法则侧重于模型与工程分析。综合集成方法在工程层次上应注意以下几个方面:一是要针对实际的装备需求问题,论证团队要充分收集有关的信息资料,调用有关方面的统计数据,作好开展研究工作的基础性准备;二是组织各方面专家对论证对象或系统的状态、特性、运行机制等进行分析研究,明确问题的症结所在,对系统的可能行为走向及解决问题的途径做出定性判断,形成经验性假设,明确系统的状态变量、环境变量、控制变量和输出变量,确定系统建模思想;三是以经验性假设为前提,充分运用现有的理论知识,把装备需求论证的系统结构、功能、行为、特性、输入输出关系定量表示出来,作为系统的数学模型,以模型研究部分地代替对实际系统的研究;四是依据数学模型将有关的数据、信息输入计算机,对系统行为进行仿真模拟实验,以获得关系系统特性或行为走向的定量数据资料;五是组织专家组对计算机仿真试验的结果进行分析评价,对系统模型的有效性进行检验,以便进一步集中专家的经验、直觉和判断;六是依据专家的新见解、新判断,对系统模型进行修改,调整参数,再进行仿真模拟,如此重复,直到提出最佳的方案和结论。

5.2.4　信息分析方法

情报信息工作是装备需求论证中的一项十分重要的工作。情报信息所

涉及的种类繁多，数据量大，所以对原始资料必须要进行分析筛选，以便去伪存真、去粗取精。情报信息的搜集、整理与分析直接影响到装备需求论证的准确性和精确性。由于装备需求论证的制定是装备未来发展方向的战略规划，必须需要大量的情报信息来源，并且要对情报信息进行必要的处理。常见的信息分析方法有调查研究方法、文献分析方法和数据挖掘方法等。

1. 调查研究方法

人们在开展调研工作中只要认真搜集揭示事物客观规律的资料，就能获取合乎科学规律的结论。调查研究的方法概括地讲，应该分为两类，即搜集调查资料的方法和分析研究调查资料的方法。这两类方法是构成调查研究的主要方法。另外，还存在不少具体的技术和手段等方面的方法问题。搜集资料的方法主要有访问法、座谈法、问卷法、实验法、观察法、文献分析法，以及各类资料的整理、记录等技术方法。人们可以采用定量分析法和定性分析法去分析搜集到的资料。定量分析法有相对数法、平均数法、相关分析法、动态数列法、社会计量法等；定性分析法有矛盾分析法、归纳分析法、比较分析法、科学抽象法、因素分析法、分析综合法、历史研究法、假设法等。

2. 文献分析方法

文献一般是指各种文字材料，包括出版物和非出版物。有时文献还泛指一切文字的和视听的(非文字的)材料。文献分析方法是从记载各种信息的文献中分析出具有反映事物发展规律特性的研究资料的方法，主要是对现有信息资源进行统计分析。运用文献分析方法旨在了解现有的技术水

平、环境状况、对手情况等，同时还有可能搜集到极有价值的信息。文献分析方法主要有定性分析法和定量分析法，有时也采用定性和定量相结合的方法。一般而言，文献是对有关事物性质、功能和特征等方面的描述，因而定性研究较少涉及研究主题内的变量关系，研究者往往倾向于应用逻辑推理去探索事物之间的逻辑关系，而不是数量关系。文献研究的定性分析法是研究者最为常用的方法之一。定性分析法主要有逻辑分析法和比较分析法。定量分析法又叫内容分析法，是对搜集的文献内容做客观而又系统的量化并加以描述的一种研究方法。定量分析法的实质是将语言表示的文献转换成用数量表示的资料。随着计算机的普及，定量研究法应用的越来越广泛。文献定量分析法具有明显性、客观性、系统性和量化性等特点。定量分析法一般要经过四个步骤：抽样；确定分析单元和分析类目；量化处理；分析数据，得出结论。

3. 数据挖掘方法

数据挖掘，就是从大量数据中获取有效的、新颖的、潜在有用的、最终可理解的模式的复杂过程。美国早在第二次世界大战前就已将数据挖掘方法应用在军事及人口普查等方面。数据挖掘也可视为从数据库中发现知识过程的一个基本步骤。知识发现过程由数据清理、数据集成、数据选择、数据变换、数据挖掘、模式评估和知识表示等步骤组成。近年来，数据挖掘引起了信息产业界的极大关注，其主要原因是大量的数据可以广泛使用，并且迫切需要将这些数据转换成有用的信息和知识。从大量数据获取的信息和知识可以广泛用于各种应用，包括商务管理、生产控制、市场分析、工程设计和科学探索等。数据挖掘具有分类、估值、预言、相关性分

组或关联规则、聚集、描述和可视化、复杂数据类型挖掘等功能。数据挖掘在具体挖掘领域分类上，可分为直接数据挖掘和间接数据挖掘。直接数据挖掘目标是利用可用的数据建立一个模型，这个模型对剩余的数据的一个特定的变量进行描述；间接数据挖掘不用选出某一具体的变量用模型进行描述，而是在所有的变量中建立起某种关系。数据挖掘功能中分类、估值、预言属于直接数据挖掘；聚集、描述和可视化、复杂数据类型挖掘则属于间接数据挖掘。

根据数据挖掘的工作过程从技术上可以将数据挖掘分为数据的抽取、数据的存储和管理、数据的展现等关键技术。数据的抽取是数据进入数据仓库的入口。由于数据仓库是一个独立的数据环境，它需要通过抽取过程将数据从联机事务处理系统、外部数据源、脱机的数据存储介质中导入数据仓库。数据抽取在技术上主要涉及互连、复制、增量、转换、调度和监控等几个方面的处理。在数据抽取方面，未来的技术发展将集中在系统功能集成化方面，以适应数据仓库本身或数据的变化，使系统更便于管理和维护。数据仓库的组织管理方式决定了它有别于传统数据库的特性，也决定了其对外部数据的表现形式。数据仓库管理所涉及的数据量比传统数据库数据量大得多，且随时间的推移而快速累积。在数据仓库的数据存储和管理中需要解决的是如何管理大量的数据、如何并行处理大量的数据、如何优化查询等。

数据挖掘在各领域的应用非常广泛，只要该产业具有分析价值与需求的数据仓储或数据库，皆可利用数据挖掘工具进行有目的的挖掘分析。当前数据挖掘应用主要集中在电信、零售、农业、网络日志、银行、电力、

生物、天体、化工、医药等方面。在装备需求论证领域，由于各种军事数据库的急剧增加，存在大量情报数据需要分析，可以预见，其应用必将越来越广泛。

5.2.5　综合评价方法

综合评价是决策的基础。在装备需求论证中，特别是在方案选择阶段，需要对多种方案进行评价，一般可采用综合评价方法。综合评价方法的发展比较成熟完善，有多种可供装备需求论证选用，常用的有层次分析法(AHP)、模糊评判法、数据包络分析(DEA)法、人工神经网络(ANN)评价法、灰色关联分析法等。

1.　层次分析法

层次分析法(AHP)是一种实用的多准则决策方法。它把一个复杂问题表示为有序的递阶层次结构，通过人们的判断对决策方案的优劣进行排序。具体地讲，它把复杂的问题分解为各个组成因素，将这些因素按支配关系分组形成有序的递阶层次结构，通过两两比较的方式确定层次中诸因素的相对重要性，然后综合人的判断以决定决策的各因素相对重要性总的顺序。这种方法能够统一处理决策中的定性与定量因素，具有实用性、系统性、简洁性等优点。AHP 方法有广泛的应用领域，具有坚实的理论基础和完善的方法，从而确立了它在多准则决策领域中的地位。层次分析法的特点是将人们的思维过程数学化、模型化、系统化、规范化，便于人们接受。用 AHP 进行决策，输入的信息主要是决策者的选择与判断，决策过程充分反映了决策者对决策问题的认识，加之这种方法很容易掌握，这

就使以往决策者与决策分析者难于互相沟通的状况得到了改善。在多数情况下，决策者可以直接使用 AHP 进行决策，这就大大增加了决策的有效性。另一方面，在 AHP 的使用过程中，无论建立递阶层次结构还是构造判断矩阵，人的主观判断、选择、偏好对结果的影响极大，判断失误即可能造成决策失误。这就使得用 AHP 进行决策主观成分很大，应注意调控和控制。

2. 模糊评判法

模糊评判法是利用模糊集理论进行评价的一种方法。具体地说，该方法是应用模糊关系合成的原理，从多方面对被评判事物隶属等级状况进行综合性评判的一种方法。模糊评判法不仅可对评价对象按综合分值的大小进行评价和排序，而且还可根据模糊评价集上的值，按最大隶属度原则去评定对象所属的等级。这就克服了使用传统数学方法使结果单一的缺陷，包含的信息量较为丰富。这种方法简易可行，一些用传统观点看来无法进行数量分析的问题，可以运用此方法进行解决。它较好地解决了判断的模糊性和不确定性问题。由于模糊评判法更接近于东方人的思维习惯和描述方法，因此也更适应于对军事系统问题进行评价。但由于装备需求论证问题层次结构的复杂性、多因素性、不确定性、信息的不充分以及人类思维的模糊性等矛盾的涌现，使得人们很难客观地做出评价和决策，也没有系统的方法对隶属函数进行确定，而且合成的算法也有待进一步探讨。

3. 数据包络分析法

数据包络分析(DEA)法是一个直接和重要的应用，就是根据输入、输出数据对同类型部门、单位(决策单元)进行相对效率与效益方面的评价。

其特点是完全基于指标数据的客观信息进行评价,剔除了人为因素带来的误差。一般来说,利用 DEA 法进行效率评价,可以获得如下信息:设计出科学的效率评价指标体系,确定各决策单元的 DEA 有效性,为宏观决策提供参考;分析各决策单元的有效性对各输入输出指标的依赖情况,了解其在输入输出方面的"优势"和"劣势"。它的优点是可以评价多输入多输出的大系统,并可用"窗口"技术找出单元薄弱环节加以改进。缺点是只表明评价单元的相对发展指标,无法表示出实际发展水平。

4. 人工神经网络评价法

人工神经网络(ANN)评价法主要是针对如何摆脱综合评价过程中的随机性和评价专家主观上的不确定性及认识上的模糊性而发展起来的一种新型综合方法。例如,即使是同一评价专家,在不同的时间和环境对同一评价对象也往往会得出不一致的主观判断。因此,需要提出一类方法,既能充分考虑评价专家的经验和直觉思维的模式,又能降低综合评价过程中的不确定性因素,即具备综合评价方法的规范性又能体现出较高的问题求解效率。人工神经网络评价法恰好可以解决此类问题。人工神经网络评价法是一种交互式的评价方法,它可以根据用户期望的输出不断修改指标权值,直到用户满意为止。因此,一般来说,人工神经网络评价法得到的结果会更符合实际情况。人工神经网络评价法具有自适应能力,能对多指标综合评价问题给出一个客观评价,这对于弱化权重确定中的人为因素是十分有益的。分析评价是一个复杂的非线性大系统,必须建立权重的学习机制,这些方面正是人工神经网络的优势所在。我们可以利用人工神经网络来确定各项指标的权重,通过对已知样本的学习,获得评价专家的经验

知识及对目标重要性的权重协调能力，尽可能消除以往权重确定方法中的人为影响，保证指标权值的有效性和实用性。

5. 灰色关联分析法

在客观世界中，有许多因素之间的关系是灰色的，分不清哪些因素之间关系密切，哪些不密切，这样就难以找到主要矛盾和主要特性。灰色关联分析法的目的是定量地表征各因素之间的关联程度，从而揭示灰色系统的主要特性。其实质上是几种曲线间的几何形状的分析比较，形状越接近，则发展变化态势越接近。灰色关联分析法的实质就是利用各方案与最优方案之间关联度大小对评价对象进行比较、排序。灰色关联分析法是一种多因素统计分析方法，是用灰色关联度来描述因素间关系的强弱、大小和次序的。它的核心是计算关联度，关联度越大，说明比较序列与参考序列变化的态势越一致，反之，变化态势则相悖。可以说，灰色关联分析法的工具就是灰色关联度。

采用灰色关联度模型进行评价是从被评价对象的各个指标中选取最优值作为评价的标准，实际上是评价各被评对象和此标准之间的距离，这样可以较好地排除数据的"灰色"成分。但该标准并不固定，不同的样本会有不同的标准。即使是同一样本在不同的时间，其标准也会不同。但不管如何，选取值始终是样本在被选时刻的最优值。构造理想评价对象可用多种方法，如可用预测的最佳值、有关部门规定的指标值、评价对象中的最佳值等，这时求出的评价对象关联度与其应用的最佳指标相对应，显示出这种评价方法在应用上的灵活性。

在装备需求论证实践中，可根据需要选择具体的方法。例如，以层次

分析法在装备需求论证中的应用为例。首先，可确定武器系统评估指标体系。在武器装备效能评估中，需应用层次分析法将总指标分成若干个子指标，这些子指标共同决定着总指标值的大小，而每个子指标又可分解成若干个子子指标，这些子子指标又同时决定着相应子指标值。如此不断分解，直到满足所要研究的深度，形成武器装备的评估指标体系，它是武器装备效能评估的基础。其次，确定指标的权重系数。由于评估指标体系中各子指标对其上层指标的影响程度不同，因此通过层次分析法确定各指标的相对权重，可取得良好的效果。第三，确定同类武器综合性能优劣及论证方案的好坏。复杂武器系统的性能通常是由一系列战术技术指标来反映的，同类武器装备战术技术指标的类型基本相似，但各指标优劣程度可能区别很大。这时，可以用层次分析法首先确定指标权重，最后按综合所得总指标值排序即可反映不同型号武器装备的优劣。同样用该思路可以确定武器装备论证方案的好坏。

5.2.6　经济分析方法

在装备需求论证中，无论是国家层次装备需求的确定，还是军队、联合、体系和系统层次装备需求的确定，都大量涉及经费与资源投入问题，因此需要运用经济分析方法对装备需求中一些涉及经济成本的问题进行综合分析。例如，一个社会无法拥有它想所拥有的一切，且要受到资源及可供利用的技术的限制。以军事开支为例，各国都不得不决定将有限资源的一部分投入军用。美国军事开支约占国民生产总值5%，日本军事开支约占国民生产总值的1%。这些问题的研究涉及大量经济分析方法问题。

经济学的基本问题是生产什么商品以及生产多少、如何生产商品、为

谁生产的问题。同时，由于每一个经济实体的劳动、知识、技术、土地、资源等条件都是有一定限度的，因此，在决定生产什么和如何生产时，该经济实体的任务就是决定如何配置稀缺资源。在经济领域，相对于需求来说，资源总是稀缺的。因此，在经济建设领域，经济实体必须在各种可能的潜在的商品生产组织之间进行选择，在不同技术之间进行了选择，最后还必须决定谁消费这些商品(为谁生产)。这种思想同样可以应用于国防和军队建设领域。结合装备需求论证的具体情况，主要的经济分析方法有成本分析法、投入产出分析法、价值工程与价值分析法等。

5.3 装备需求论证的具体方法

装备需求论证具体方法是指装备需求论证各个不同环节中根据既定的装备需求论证目标而采取的一些具体方法。主要包括需求获取方法、需求分析方法、需求验证方法、军事需求变更方法。

5.3.1 需求获取方法

装备需求的获取与形成是由军事人员和专家"直接的表述"，对装备需求的期望仅仅是一种"潜在需求"，与"真实需求"之间往往存在差距，因此需要采取规范的装备需求获取方法。装备需求的形成是由军事人员和论证人员的创造性思维来实现的，同时，在装备需求形成的过程中，必然要对相关信息和资料进行记录、分析，因而需要有相应的方法来记录和描述分析结果。

需求获取方法比较常用，简单易行。常见的方法有座谈记录法、调查

问卷法、观察记录法、组织文档法等。

1. 座谈记录法

座谈记录法是指由论证团队组织有关领域军事人员以及技术、生产领域的专家共同就装备需求的对象进行座谈分析，并进行记录。座谈记录法是事实发现和信息收集的基本技术，并且大多是与装备需求方共同参与进行的。在装备需求论证中，通常需要召开大量联合会议，参会人员包括领导、军事人员、管理人员、技术人员、记录人员，通常持续时间较长，需要对军事需求的问题进行详细讨论、交流，记录发现的事实和收集信息，并做出决策。

2. 调查问卷法

调查问卷法是指从大量装备需求方代表中收集需求信息的有效方法。特别是针对国家、军队、联合、军种、体系层次的军事需求论证，由于涉及范围较广，可以采用调查问卷法，同时要设计科学合理的调查问卷，充分了解和掌握各方对军事需求的看法，形成比较合理的需求意见。调查问卷的内容和形式一般需要经过精心的设计，在涵盖大部分关心问题的同时，尽量避免开放式问题。对调查问卷所获取的资料，要进行系统的统计分析，得出最佳的用户需求。

3. 观察记录法

观察记录法是指通过观察具体的军事业务活动，直接提出需求。在装备需求分析领域，有时装备需求分析人员可通过亲自参与具体的军事任务活动对军事任务活动的具体过程或细节进行观察与记录，以掌握军事需求的准确信息。观察记录法一般用于系统层次的装备需求获取，可以获得比

较具体的需求信息。在此方法中，要注意观察的军事任务或业务活动要有代表性，能够代表所论证军事需求领域的普遍性，一般持续时间较长，力争发现规律性的需求信息。

4. 组织文档法

组织文档法是指对装备需求论证领域的大量规划、计划组织、体制、作战训练、演习资料、装备建设、后勤保障等已有文档进行综合分析，从中发现和识别武器装备需求。某一论证领域的文档是对该领域的组织现状、业务活动、职能、任务的总体描述，可全面反映该领域的总体情况。例如，在装备需求论证领域，可将有关信息化规划方案、业务分工文件、作战和演习手册、作战想定等综合文档进行分析，结合相关研究领域的刊物和参考手册就可以分析得出装备需求的总体轮廓。

5.3.2 需求分析方法

需求分析方法包括环境分析方法、目标分析方法、任务分析方法、能力分析方法、结构分析方法等。

1. 环境分析方法

军事需求论证所研究的任何军事系统都存在于相应的军事系统环境之中，对军事系统所在环境进行分析是研究军事需求问题的第一步，而军事系统问题的解决方案的优劣很大程度取决于对整个军事系统环境的深刻了解，对环境不了解，是不可能产生有效的军事系统解决方案的。因此，环境分析方法是军事需求论证中使用的重要方法。

对任一层次军事需求论证所研究的系统而言，系统环境是指存在于系

统之外的，系统无法控制的自然、地理、经济、社会、技术、信息等的总称。系统环境因素的属性和状态变化一般通过输入使系统发生变化。反之，武器系统本身的活动通过输出也会影响环境相关因素的属性或状态的变化，这就是所谓的环境开放性。系统与环境是依据时间、空间、所研究问题的范围和目标划分的，故武器系统与环境是个相对的概念。

1) 环境分析的边界

从理论上讲，武器系统与环境的边界应该是明确的，但实际划分时却要具体问题具体分析。在分析国家安全威胁时，国土的边界是明确的，来不得半点含糊。但国家安全的边界却较难确定，特别是在对外关系中，如何保护国家的权利和利益的问题就十分复杂。确定环境因素，就是根据实际系统的特点，通过考察环境与系统之间的相互影响和作用，找出对系统有重要影响的环境要素的集合，即划定系统与环境的边界。

评价和分析环境因素，就是通过对有关环境因素的分析，区分有利和不利的环境因素，弄清环境因素对武器系统的影响、作用方向和后果等。总的来说，划分系统与环境至少有以下原则：

(1) 系统与环境之间应有一个界线。研究武器系统时首先要明确哪些是属于武器装备系统之内的元素，哪些是系统之外的环境。不过，武器装备系统与环境的界线划分又有一定的相对性，在一些场合边界比较模糊，特别是那些非物质的系统，就不存在一个物质上的"边界"，常常是你中有我，我中有你。

(2) 武器系统与环境是"内外有别"的。也就是说属于系统内部的组成部分与不属于系统的其他事物之间有本质不同。系统的内部元素对系统

的整体性有确定的影响，而属于环境中的事物却只对系统有偶然的影响。这就是区别内外、区分内因与外因的相对标准。

(3) 环境有层次性和结构性。环境的层次通常可以按与系统的相对位置和对系统关系密切程度、作用的大小来划分，如大环境、小环境等。此外，环境也不是系统之外所有事物"杂乱的堆积"，构成环境的各种事物之间也会有确定的关系和结构。如军种层次装备需求论证要以军种为主体，界定其活动的自然地理环境、历史人文环境、政治经济环境等。

2) 环境分析的内容

从系统论的观点出发，全部环境因素大致可以从物理、社会和管理3个方面进行划分。

(1) 物理环境。是指由于事物的属性所产生的联系而构成的因素和处理问题中的方法性因素。物理环境包括以下3种：

① 现状环境。具体包括现存武器系统运行的现状和有关知识。规划中的任何一个新系统都必须同某些现存系统结合起来工作。因此，对武器系统的现状进行分析，是环境分析的重要内容。特别是现存武器系统分析，是获取各种数据资料的重要来源之一。

② 法规和标准环境。法规和标准之所以成为物理技术环境因素，是因为它们对系统分析和系统设计具有客观约束性质。不遵守技术标准，不仅使武器系统分析与系统设计的结果无法实现，而且会造成多方面的浪费。例如，在武器装备系统环境分析中，要充分考虑武器装备制造的结构标准、器件标准、零件标准、公差标准、产品寿命、回收期等，这些标准是制定系统规划、明确系统目标、分析系统结构和特性时所应有的约束

条件。

③ 自然环境。任何成功的系统分析都必须与自然环境之间保持着正确的适应关系。特别是在装备需求论证中，无论是作战任务分析、能力分析，还是安全需求分析，都需要把自然环境因素作为约束条件来考虑。自然环境包括地理位置、地形地貌、水文、地质、地震、电磁、气象、矿产资源、河流、湖泊、山脉、动植物、生态环境状态等。它们是军事装备系统分析和武器系统设计的条件和出发点。装备需求论证时，必须充分估计到有关自然环境因素的影响，且做好调查统计工作。

例如，以地理环境对武器装备影响进行环境分析。地理环境主要由自然地理条件和人文地理条件所组成。自然地理条件包括地貌、气象、水文、土壤、植被等要素；人文地理条件主要包括道路、居民居住地和桥梁等要素。它们对武器装备作战能力(效能)和战术技术性能的发挥有直接的影响，并且产生重要的制约和限制作用，是武器装备环境建模所必须考虑和研究的问题。地理环境影响分析以定量为主，因此，需要多个地理因素对作战能力(效能)和战术技术性能综合影响的数学模型进行建模。另外，还需各环境因素对分析对象的综合影响机制进行分析。为此，可采用集合分析方法、解析法、过程仿真分析法等对各环境因素进行综合分析。

(2) 社会环境。社会环境是指把社会作为一个整体考虑的大范围的社会因素和把系统作为个体考虑的小范围社会因素。在军事需求论证中，不同层次的军事需求论证所分析的社会环境是有差异的。在国家层次，要综合国际经济、政治、文化和军事社会环境，以及国内的经济、政治、文化、人口等社会环境；而在系统层次，一般只考虑系统运行与作用的用户和管

理环境等。

(3) 管理环境。任何系统的经济运行过程都不是孤立进行的，而是全社会经济运行过程的组成部分。因此系统分析必须将系统与大的管理环境相联系，才能得出正确的结论。在装备需求论证中也是如此，必须充分考虑研究对象的管理与政策环境。例如，在联合层次的装备需求论证中，要充分考虑其他军兵种的指挥机构，以及国家战略、国家安全战略和军事战略等综合性的政策方针。

3) 环境分析的方法

在装备需求论证中，无论是军队的整体能力建设，还是部队的作战能力建设，往往要面临复杂的作战环境与激烈的对抗形势，在对相关系统进行环境分析时，可以充分借鉴地方的一些成熟有效的环境分析工具。环境分析的方法主要包括：

(1) PEST 分析法。宏观环境又称一般环境，是指影响一切行业和企业的各种宏观力量。对宏观环境因素进行分析，不同行业和企业根据自身特点和经营需要，分析的具体内容会有所差异，但一般都应对政治(Politics)、经济(Economy)、社会(Society)和技术(Technology)这四大类影响组织或系统的主要外部环境因素进行分析，简而言之，称之为 PEST 分析法。

(2) SWOT 分析法。在装备需求论证中，涉及论证对象的态势分析，因此可以运用态势分析法。态势分析法又称为 SWOT 分析法，它是由美国旧金山大学的管理学教授于 20 世纪 80 年代初提出来的。SWOT 四个英文字母分别代表优势(Strength，简称 S)、劣势(Weakness，简称 W)、机

会(Opportunity，简称 O)、威胁(Threat，简称 T)。其中优势和劣势是内部因素，机会和威胁是外部因素。SWOT 分析法就是将与研究对象密切相关的各种主要内部优势、劣势、机会和威胁等通过调查列举出来，并依照矩阵形式排列。分析时，应把所有的内部因素(包括事物的优势和劣势)都集中在一起，然后用外部的力量来对这些因素进行评估。这些外部力量包括机会和威胁，它们是由竞争力量或环境中的趋势所造成的。运用这种方法，可以对研究对象所处的环境进行全面、系统、准确的研究，从而根据研究结果制定相应的发展战略、计划以及对策等。SWOT 分析法常常被用于制定集团发展战略和分析竞争对手情况，在战略分析中，它是最常用的方法之一。

应用 SWOT 分析法的规则如下：

① 进行 SWOT 分析的时候必须对自身的优势与劣势有客观的认识。

② 进行 SWOT 分析的时候必须区分路线图的现状与前景。

③ 进行 SWOT 分析的时候必须考虑全面。

④ 进行 SWOT 分析的时候必须与竞争对手进行比较，如自身是优于还是劣于竞争对手。

⑤ 保持 SWOT 分析法的简洁化，避免复杂化与过度分析。

SWOT 可以分为两部分：第一部分为 SW，主要用来分析内部条件，由于事物是一个整体,在做优劣势分析时必须从整个价值链的每个环节上将事物与竞争对手做详细的对比；第二部分为 OT，主要用来分析外部条件，把研究对象与竞争对手面临的机会和威胁进行详细的对比。利用这种方法可以从中找出对自己有利的、值得发扬的因素，以及对自己不利的要

避开的东西，发现存在的问题，找出解决办法，并明确以后的发展方向。根据这个分析可以将问题按轻重缓急分类，明确哪些是目前急需解决的问题，哪些是可以稍微拖后一点儿的事情，哪些属于战略目标上的障碍，哪些属于战术上的问题，并将这些研究对象列举出来，依照矩阵形式排列。然后用系统分析的思想，把各种因素相互匹配起来加以分析，从中得出一系列相应的结论。得出的这些结论通常带有一定的决策性，有利于领导者和管理者做出正确的决策和规划。

SWOT 分析法的使用步骤：

① 分析环境因素。运用各种调查研究方法，分析出分析对象所处的各种环境因素，即外部环境因素和内部环境因素。外部环境因素包括机会因素和威胁因素，它们是外部环境中对研究对象的发展产生直接影响的有利和不利因素，属于客观因素，一般归属为经济的、政治的、社会的、人口的、产品和服务的、技术的、市场的、竞争的等不同范畴；内部环境因素包括优势因素和劣势因素，它们是研究对象在其发展中自身存在的积极和消极因素，属于主动因素，一般归属为管理的、组织的、经营的、财务的、销售的、人力资源的等不同范畴。在调查、分析这些因素时，不仅要考虑到研究对象的历史与现状，而且更要考虑研究对象的未来发展。

② 构造 SWOT 矩阵。将调查得出的各种因素根据轻重缓急或影响程度等排序，构造成 SWOT 矩阵。在此过程中，将那些对研究对象发展有直接的、重要的、大量的、迫切的、久远的影响因素优先排列出来，而将那些间接的、次要的、少许的、不急的、短暂的影响因素排列在后面。

③ 制订行动计划。在完成环境因素分析和 SWOT 矩阵的构造后，便

可以制定出相应的行动计划。制订计划的基本思路是：发挥优势因素，克服劣势因素，利用机会因素，化解威胁因素；考虑过去，立足当前，着眼未来。运用系统分析的综合分析方法，将考虑的各种环境因素相互匹配起来加以组合，得出一系列研究对象未来发展的可选择对策。

④ 完成 SWOT 分析表。首先把识别出的所有优势分成两组。分的时候应坚持的原则为：看它们是与潜在的机会有关，还是与潜在的威胁有关。用同样的方法把所有劣势分成两组，一组与机会有关，另一组与威胁有关。然后建构一个表格，把研究对象的优势和劣势与机会或威胁配对，分别放在每个格子中。SWOT 表格表明研究对象内部的优势和劣势与外部机会和威胁的平衡。

2. 目标分析方法

系统目标是系统分析与系统设计的出发点，关系到系统的全局或全过程，它正确、合理与否将影响到系统的发展方向和成败。在装备需求论证的阐明问题阶段，无论是问题的提出者、决策者，还是需求分析人员，对目标的认识和理解多出于主观愿望，而较少有客观依据。只有充分了解和明确军事需求论证应达到的目标，使提出的主观目标更合理，才能避免盲目性，防止造成各种可能的错误、损失和浪费。因此，必须对装备需求论证的目标做详细、周密的分析，充分了解系统的要求，明确所要达到的目标。

目标是要求系统达到的期望状态。人们对系统的要求和期望是多方面的，这些要求和期望反映在系统的目标上就形成了不同类型的目标。目标主要包括：

1) 总体目标和分目标

总体目标集中反映对整个系统总的要求，通常是高度抽象和概括的，具有全局性和总体性特征。系统的全部活动都应围绕总体目标而展开，系统的各组成部分都应服从于总目标的要求。分目标是总目标的具体分解，包括各子系统的子目标和系统在不同时间阶段上的目标。对总目标进行分解是为了落实和实现系统的总体目标。

制定系统的总体目标要有全局的、发展的、战略的眼光，要考虑社会、经济、科学技术发展提出的新要求，要注意目标的合理性、现实性、可能性和经济性，不能脱离系统自身的状况和能力，也不能不顾环境条件的制约而提出不切实际的目标。同时，还应根据系统在不同时期的实际需要，分别制定近期目标和远期目标。另外还要充分估计可能产生的消极作用，以及考虑内部条件、外部环境的限制和约束。

2) 建立系统的目标体系

所谓目标体系是指各级分目标和目标单元的集合，也是逐级逐项落实总目标的结果。总目标一般是高度抽象或概括性的，缺乏具体性与直观性，可操作性差，为此需要对总目标进行分解，将其分解为各级分目标，直到具体、直观为止。在分解过程中要注意使分解后的各级分目标与总目标一致，分目标的集合一定要保证总目标的实现。分目标之间可能一致，也可能不一致，甚至是矛盾的，但在整体上要达到协调。

在装备需求论证过程中，随着对武器装备需求问题研究的不断深入，已能够解析出比较具体的观念，或者已能更具体和明确地表示军事需求的本质，并能提供未来决策活动的方向。这种观念或本质称为目标。为了明

确军事需求论证的目标，不但要进行大量的调查研究、分析、归纳，还要进行创造性的思维，提出适应未来要求的新概念和新观点。另外，装备需求论证业务主管机关的要求也反映了装备需求论证问题的实质。由于论证目标的重要性，以及论证人员所在的层次和研究领域的不同，为使论证人员对论证目标达成共识，需要有相应的方法。

对需求目标进行分析，就是根据未来的任务及能力需求，提出对相应层次军事需求具体内容的要求，明确应达到的境界和水平等。一般情况下，军事需求目标是一个目标集，需要对目标集进行优化分析，最终形成需求目标方案。

3) 目标分析方法

在分析目标时，可以运用比较成熟的头脑风暴法、德尔菲方法(Delphi法)等组织各类专家对目标进行分析。

(1) 头脑风暴法。头脑风暴法(Brain Storming，简称 BS)由美国 BBDO广告公司的奥斯本(A.F.Osborn)提出。头脑风暴法是一种会议形式，会议在非常融洽和轻松的气氛中进行，不受任何条条框框限制来提改进方案。主持人是非常有经验的人，他一般不发表意见，以免影响会议的自由气氛。会议有以下 4 条原则：不互相批评；自由鸣放；欢迎提出大量的方案；要求善于结合别人意见来继续思考，并对别人提出的方案加以发展(这种做法称为方案的"免费搭车")。由此可知其主要特点是自由思考，互相启发。这样做往往能在与会者头脑中掀起"创造的风暴"。国外经验证明，采用头脑风暴法提出的方案数量要比同样这些人单独提方案多 70%。这一方法应重点做好以下 5 个环节的工作：

① 准备工作。这主要是指会议主持人要做好事先准备。主持人对在会议中可能产生的各种情形应做到心中有数,但在会议上不能说出自己的见解。

② 召开会议。会议参加者不宜太多,也不能太少,以 6～10 人为好。参加者应包括各方面、各专业的人。主持人要有热情、有干劲、善于制造气氛,对别人提的方案要敏感,并适当给予赞扬。会场要布置得干净整洁、舒适大方。整个会议要做记录或录音。

③ 要注意功能定义的表现方式。功能定义都是用文字表达的,同样的意思可用不同的文字来表达。所以,功能定义是否恰当,对提出方案很有影响,甚至会得出完全不同的结果。

④ 提方案。提方案时,不要谈已有的办法,只需根据功能定义去考虑用什么方法和手段可以完成这种功能。可以提各种各样的方案,一次会议可提出一二百个甚至几百个方案。会议主持人应表现出充分的信心,并随时给予启发引导。

⑤ 对方案做评价。会议结束后,主持人对提出的方案要从可行性、必要性,以及人力、技术、资源上做出评价。例如对新武器装备的方案的咨询,在技术上要考虑产品质量、可靠性、安全性、生产条件、技术水平、工艺性及生产上的一些制约条件,在经济上要考虑直接可承受的能力。

头脑风暴法的优点很多。它是产生新思想的催化剂,是科学的调研方法,避免了过去那种调查会议常被 1～2 个权威人士左右,并且存在有意无意地去迎合领导(权威)意图的现象。头脑风暴法往往适用于对战略性问题的探索,特别是在重大军事需求问题论证时,需要把军事家、科学家、

哲学家、技术专家、管理专家、经济学家、社会学家、历史学家请来共同为某个战略性问题发表意见。专家们在一起讨论时，有时会出现科学家们思路枯竭、停滞不前，这时哲学家一句妙语，也许能使人茅塞顿开；或许在管理专家、经济学家们争论不休时，历史学家一个典故，也许使人豁然开朗，出现"柳暗花明又一村"的局面。因此，这种方法是不断涌现新思想、新观念、新方案、新成就的有效方法之一，会迸发出集体智慧之光。

(2) 德尔菲法。德尔菲(Delphi)法是专家咨询法的一种，可使一群专家的意见集中起来。作为集中多位专家意见的有力方法，Delphi 法被广泛用于规划、计划、评估、预测和建议方面。这种方法的主要环节有：

① 由主持人采取保密的方式与选定的若干名专家(通常有十多名)征询。

② 主持人精密设计沟通的内容，以咨询的方式传送，在收到专家们的回答后，主持人对意见集中进行统计，纳入下一次沟通的内容。

③ 沟通—统计—再沟通—再统计，反复多次，直到集中系数满足要求为止。

④ 对选定的专家信息保密不外泄，也不让他们彼此知道；对每次沟通的结果只以统计的形式再进行沟通，而不透露其他人的意见。这样做的目的是防止少数权威人士影响其他专家的意见。

3. 任务分析方法

在装备需求论证中，需要经常采用任务分析方法进行各个层次军事任务的分析。作战任务分析是根据战略和战役构想，在特定的战场态势下，依据作战威胁和作战环境分析的科学结论，结合军队运用原则和任务使命

特征,在一定条件约束下对作战任务进行的分解和区分。其结论是特定条件约束下针对所面临的威胁和威胁的特点以及各级部队应担负的主要作战任务及任务的特点和要求而得出的。作战任务分析是提出作战能力需求的前提,也是进行武器装备军事需求论证分析的基础。

进行任务分析主要沿着两条路径进行:一是以作战任务分解为主,通过对部队所担负的作战任务进行逐步分解,可建立该部队的作战任务指标体系,指标体系的最底层是各种具体的任务要求,其任务与作战环境和作战过程没有多大的联系;二是以作战任务区分为主,通过对作战任务按照一定的原则和规律进行区分,可得到特定作战样式下各战斗时期不同性质任务的典型任务项,其任务与作战环境和作战过程有关。一项具体的作战任务至少包含5项要素,即任务来源、任务承担者、任务类型、任务环境及任务要求。当任务的5项要素确定以后,一项具体任务实质上是对任务承担者(兵力系统)能力的一种需求和约束,任务的类型决定了能力的类型,任务的要求决定了能力的大小。对任务的类型和要求的分析是任务分析的核心内容。

(1) 任务提出方法。任务是在明确未来某一个时期内相应层次军事需求主体可能承担的任务。任务产生的目的是定总任务,为任务分解和任务区分提供依据。分析的过程中要先确定主要的军事任务,然后按照支援和保障关系合理确定支援和保障任务。其分析的依据是军事战略、国际形势、周边安全、部队现在及未来状况等。其分析结果是各类型部队对哪个(些)对象做什么以及做到什么程度,任务产生以定性分析为主,是由论证人员的逻辑思维和形象思维来实现的,所使用的方法有文字描述法、德尔菲方

法等。

（2）任务分解方法。军事任务分解是指将一项任务按一定的原则或规则分解成不同类型的军事任务。分解的原则或规则不同，得到的分解结果也不尽相同。分解的原则和规则主要是根据研究问题的需要和问题本身的特征来确定的。军事任务分解的主要目的是建立对应论证层次的需求主体的任务体系。其分解的依据是总任务、分解的原则或规则等。其分析结果是军事任务体系。任务分解以定性分析为主，是由论证人员的逻辑思维和形象思维来实现的，所使用的方法有表格描述法、德尔菲方法等。例如，在联合作战任务区分中，按空间特征可分为地面、空中、海上作战任务；按要素可区分为联合情报侦察任务、联合指挥控制任务、联合机动任务、联合火力打击任务、综合保障任务等。

（3）任务区分方法。军事任务区分是根据军事任务的总体要求对所属部队和分队担负的军事任务进行的划分，包括明确军事行动区域和行动目标以及完成任务的要求、时限等。任务区分的前提条件是已经清楚所属军事力量的规模和级别。内容清楚、格式规范、数据准确的任务区分结果是科学提出不同部队军事能力需求的依据。任务区分一般以定性分析为主，也是由论证人员的逻辑思维和形象思维来实现的，所使用的方法有表格描述法和德尔菲方法等。

4. 能力需求分析方法

能力需求是指军事力量在军事行动过程中为有效完成军事任务而对其应具有的军事能力的最低要求，是从军事任务需要角度提出军事需求的关键。军事任务分析的主要目的是为能力需求分析提供支持。能力需求分

析就是要把用任务指标描述的任务需要转化为用能力指标描述的能力需求，其关键是找到由任务指标转化到能力指标的对应转换关系。当一个任务项较具体时，实质上就是对任务承担者在能力上的一种约束和需求。与任务分析思路相反，能力需求分析将采用由微观到宏观、由具体到抽象的分析思路。

　　能力需求指标是军事能力需求的度量标准，也是全面、客观地衡量军事能力需求的依据。要把军事任务指标所反映的任务要求转换为对军事能力的需求，应建立对应的军事能力需求指标体系。一般情况下，军事能力由武器装备作战能力和部(分)队军事能力两方面构成。武器装备的作战能力包括一定级别部队所有武器装备形成的整体作战能力和单件武器系统的作战能力，而单件武器系统的作战能力是整体作战能力的基础。能力需求指标分析以定性分析为主，主要由论证人员的逻辑思维和形象思维来实现。例如，在信息化作战能力分析中，体系作战的能力可分为信息支持能力、要素能力和任务能力。信息支持能力是信息化条件下渗透到各种能力中的基础性功能和支撑条件；要素能力是军队完成多种作战任务所需要的共性能力；任务能力是依据军队使命任务，从作战样式和行动角度对作战能力的分解。三者相互作用，相互联系，形成了一个多层次、动态、开放的能力体系。再往下分解，信息支持能力可分为信息获取能力、信息处理能力、信息分发能力、信息共享能力、信息安全能力等；任务能力可分为核威慑与反击能力、联合火力打击能力、联合封锁作战能力、联合岛屿进攻能力、联合边境防卫作战能力、联合保礁作战能力、联合防空作战能力、联合信息作战能力等；要素能力可分为情报侦察能力、指挥控制能力、火

力打击能力、立体机动能力、信息攻防能力、全维防护能力、综合保障能力等。

5. 结构分析方法

系统结构是系统保持整体性和使系统具备必要的整体功能的内部依据，是反映系统内部要素之间相互关系、相互作用的方式或秩序。系统结构分析是系统分析的重要组成部分，也是系统分析和系统设计的理论基础。

系统结构问题是系统分析的基本问题，也是近代科学界中讨论较多的问题。20 世纪以来，系统结构主义观点盛行，普遍认为结构决定功能。一个典型的例子是金刚石和石墨都由碳原子所构成，但因构造方式不同，因而在硬度、透明度、导电性以及价值上都有着巨大的差异。系统功能和系统结构是不可分割的。系统功能是指系统整体与外部环境相互作用中应当表现出来的效应与能力，以满足系统目标的要求。尽管系统整体具有它的各个组成部分所没有的功能，但是系统的整体功能又是由系统结构即系统内部各要素的相互关系、相互作用的形式决定的，而系统内部诸要素之间的作用形式又取决于系统的特征即系统的本质属性。

在军事需求论证领域，经常需要对系统进行结构分析。结构分析是对所有获取的需求进行综合分析，去粗取精，去伪存真，并依据整个军事需求的内容，构建军事需求的结构框架，明确各系统区分以及各系统之间的相互关系、运行环境、控制关系等基本内容，提出需求的总体描述。在军事需求论证的各个不同层次中，国家层次、军队层次、联合层次、军种层次、体系层次和系统层次的军事需求都有相应的结构区分。在论证中，应

针对不同层次军事需求的具体要求，提出相应需求的层次、性质、种类结构区分。

(1) 系统要素分析。系统要素分析主要是对系统产生较大作用的要素进行分析。哪些要素是主要的，哪些要素是次要的，同类系统中是不是存在一些必不可少的基本要素，这是系统要素分析的首要问题。在人工系统中，人们常常按所发挥的效能或所占成本的多少来确定各部分的重要程度(当然，也可以按其他原则，如按所占重量、体积等的比例来确定重要程度)。由于各要素地位的不一致性和不平衡性，使得一些要素重要，而另外一些要素不那么重要。

要素可以分为基本要素、核心要素和动力要素。基本要素是同类系统中所有时间内都起主要作用的元素。核心要素，它是对系统的整体结构与行为进行控制与调整的"首脑"或"领导核心"，可使系统的行为朝着既定的目标发展。动力要素，它是为系统的运动提供动力和能源的"发动机"。

(2) 系统关系分析。系统关系分析不仅要研究系统由哪些元素所构成，而且要研究它是怎样构成的。系统关系包含两个层面：一是元素间的关系；二是元素与整体的关系。可从 3 个方面来把握：

① 相关性分析。系统的元素之间可以有各式各样的联系，但并不是所有的联系都对系统整体性发生影响,把其中直接关系整体属性的那一部分联系称为(定义为)元素间的关联。确定了系统要素，还不能一定保证系统能达到目标要求。要素集能否实现系统目标取决于要素间的相互关系。这是因为系统的属性不仅取决于它的组成要素的质量和水平，还取决于要

素间应保持的关系。这些关系可能表现在系统要素在空间结构、排列顺序、相互位置、松紧程度、时间序列、数量比例、信息传递方式，以及组织形式、操作程序、管理方法等许多方而，并由此形成系统的相关关系集。因此，为获得合理的相关关系集就必须进行要素的相关性分析。

② 阶层性关系分析。阶层性关系分析主要是针对大多数系统都具有多阶层递阶形式而进行的。系统阶层的产生主要是为实现系统目标，系统或分系统必须具备某种相应的功能，这些功能是通过系统要素的一定组合和结合来实现的。由于系统目标的多样性和复杂性，任何单一或比较简单的功能都不能达到目的，因此需要组成功能团和功能团间的相互联合，而这些功能团必然会形成某种层次结构形式。系统的层次性在一般技术系统、管理系统中表现得非常明显。

系统阶层性关系分析主要解决系统分层数目和各层规模的合理性问题，即解决层次的纵向和横向规模的合理性问题。这种合理性主要从两个方面考虑。

一是能量和信息传递的效率、质量和费用，同时要便于控制。一般对技术系统应主要注意能量和信息传递的效率、质量和费用；对组织管理系统应主要注意信息传递的效率和质量，同时对任何系统都应以便于控制为标准。对于技术系统主要是看能量和信息的传递链的组成及传递路线的长短。传递链的环节数因系统层次的多少而有所不同。显然环节越多，则摩擦越大，传递路线越长，传递效率越低，失真程度越大，周期时间越长，费用也越多。对于指挥系统来说，由于层次、人员和头绪比较多，因而费用大，同时效率也低，进而会导致指挥困难、控制失效以及产生多种漏洞

和弊端。所以从提高效率和工作质量的角度看，系统层次不宜太多。另外，任何系统的阶层幅度又不能太宽，否则不利于集中。因此阶层划分应当考虑这两个矛盾的统一，做到阶层不多，效率很高，便于控制，费用较低。

二是功能单元设计。主要是系统内部单元的合理编配问题。某些功能单元放在一起能起互相补充的作用，有些则相反。这种设计在组织编成结构的军事需求论证中经常使用。例如，陆军中三个步兵连加一个机枪连，三个步兵团加一个重炮团，这样做可对战斗的配合起补充作用。在指挥体制内，不同指挥阶层应设置哪些合理的指挥机构很重要。

③ 整体性分析。系统整体性分析是结构分析的核心，是解决系统整体协调和优化的基础。系统要素集、关系集、层次性分析只是在某种程度上研究了系统的一个侧面，它们各自的合理性或优化程度还不足以说明系统的整体性。整体性分析是综合要素集、关系集、阶层性分析结果，以协调系统整体最优为目的的，也就是使要素集、关系集、层次分布达到最优结合，并取得系统整体的最优输出。系统整体优化和取得整体的最优输出是可能的。这是因为构成系统结构的要素集、关系集、层次分布都有允许的变动范围，在对应给定目标要求下，它们都将有多种结合方案。

整体性分析主要有两项内容。一是为了衡量和分析系统的整体结合效果，需要建立一个评价指标体系。评价指标体系中的指标可分别说明这种结合效果所表现的方面；这些指标应当有最低标准，达不到它，就说明这种结合没有取得基本的整体效果；这些指标应当是可衡量的价值指标，以便在多指标条件下能做到综合评价。二是尽量建立反映系统整体性的要素集、关系集、层次分布的结合模型，以便定量分析系统整体结构的合理性

和最优输出。经上述分析，就可以了解系统整体性如何，并以此为基础调整和改善系统结构中的不合理部分或薄弱环节，使系统达到稳定协调运行，并获得令人满意的输出效果。

整体性分析的第一步是将军事需求的总目标分解为多个子目标和子系统。这一步非常重要，常用的方法是首先在系统各部分的逻辑关系上，建立系统的初步模型，然后逐步增加限制条件并完善模型。对于第一个阶段性模型，在其建立完成之后，要根据各方面的情况进行讨论和论证，然后决定是否进行修改。这项工作可循环进行，直到满意为止。第二步是优化军事需求的结构体系。这一步的重点是对军事需求的基本结构进行优化分析，并形成科学合理的体系结构。第三步是分析军事需求的整体结构与目标，形成合适的军事需求。

5.3.3　需求验证方法

军事需求验证实质是解决军事系统发展、建设的有效性问题。开发军事需求的目的就是要将军事需求用于指导和约束军事系统的发展、建立的方向和内容。因此，军事需求必须是有效的、合理的、正确的。进行军事需求验证，确保军事需求可实施、可达到就显得十分必要。军事需求验证，就是充分运用科学的理论、方法和技术，综合考虑目标、资源、技术、人员等条件，对军事需求各项内容的有效性进行分析与评估。军事需求验证是军事需求论证中的重要环节。

1. 军事需求验证的基本原理

军事需求验证可以分为回溯验证和追溯验证。军事需求回溯验证是假

设在人力、物力、财力和技术等条件具备满足需求目标的情况下，由低到高逐级分析需求的满足情况，即低级的需求能否保证高一级的需求可达到和可实施。在系统层次军事需求论证中，需求回溯验证包括：

(1) 系统性能需求是否满足系统功能需求。系统性能需求是最低层的需求指标，是指系统技术所具备的性质和效用，也是技术人员必须实现的需求；系统功能是系统性能的综合表现，是系统能够执行的操作和完成任务的总和。系统功能由系统开发人员编程实现，系统满足一定条件时，可使用户通过使用系统能够履行必需的作战活动，满足作战能力需求。

(2) 系统功能需求是否满足作战能力需求。对于不同层次的作战力量，作战能力可以表现为多项指标。假设作战能力需求与系统功能存在严格映射关系，则需要的作战能力由系统功能支持或提供。因此，可通过验证系统的功能需求的各项指标能否实现多项作战能力目标来验证系统功能需求能否满足作战能力需求。

(3) 作战能力需求能否实现作战任务需求。对系统能力能否实现作战任务的验证，一般主要靠作战实践检验。在缺乏实践的情况下，可以运用作战模拟和系统仿真等手段验证系统能力是否实现作战任务。由于作战任务具有特定的层次结构，作战任务需求也必须具有特定的层次结构，可通过分析对应的能力与相应任务之间的关系来分析验证能力满足任务的程度。

军事需求追溯验证是为了确保军事需求的实现，评估需求在人力、物力、财力和技术等方面的条件是否具备而验证军事需求的过程。其核心是通过分析是否具备实现军事需求的条件，从而验证军事需求的过程。军事

需求追溯验证主要从以下两个方面进行：

(1) 验证军事需求在理论与实践上具备的技术、人员、资源、保障等条件是否能保证系统实现预期的性能需求。

(2) 验证军事需求在技术、人员、资源、保障等限制条件下是否能够保证系统性能需求的实现。

军事需求追溯验证保证了最低层次的需求——系统性能需求的满足，进而保证了系统建设能够实现预期目标。因此，也可以认为军事需求追溯验证是军事回溯验证的前提。

2. 军事需求验证的主要方法

军事需求验证的方法较多，应多种方法综合运用。一般包括专家评审法、测试验证法、模拟仿真验证法等。

(1) 专家评审法。主要是组织需求方、建设方、专家代表等多种人员，运用综合评价方法对军事需求的种类、性质、范围、规模和结构进行再次确定和验证与分析。专家评审法适用于各个阶层的军事需求验证。

(2) 测试验证法。主要是指通过检测或实验的方式对体系或系统阶层的军事需求进行验证。基于测试的需求验证是将需求规格作为输入，通过检测等方式进行运行上的验证，从而发现需求偏差并纠正偏差。例如，美军在武器装备军事需求论证中提出采用先期概念演示技术，通过演示和试验过程，对系统结构和作战概念反复更改，以获得最佳系统和概念。

(3) 模拟仿真验证法。模拟仿真主要包括以作战效能、系统效能的仿真。仿真模型是构建仿真模型体系和仿真系统的核心。在运用模拟仿真验证法时，首先是要通过建立可信赖的仿真模型体系和数据标准来保证仿

模型的可信性。

需求验证是军事需求工程中的重要环节。一般国家层次、军队层次、联合层次、军种层次的军事需求验证主要运用专家评审法，通过设置合理的指标，运用综合评价的方法对军事需求进行评价。而系统层次的军事需求验证主要采用测试验证法和模拟仿真法尽量对军事需求进行工程化验证。

5.3.4　军事需求变更方法

无论是什么层次的需求，都可能在实施的过程中或者随着环境条件的变化而发生变化。因此，军事需求存在变更问题。例如，在军事信息系统的开发过程中，特别是一些复杂的军事信息系统，由于存在开发功能复杂、建设周期较长、技术变化迅速等原因，因此可能频繁发生需求变更。采用恰当的方法和规范的程序对军事需求变更进行管理与控制就显得十分重要。

从现实情况看，需求变更涉及国家层次、军队层次、联合层次、军种层次、体系层次和系统层次所有的军事需求。为此，应针对需求变更，建立从提出变更申请、变更影响分析到变更具体实施进行控制的全过程管理机制，以实现对需求变更的有效控制。军事需求变更重点是要抓好变更影响分析，一般可从以下 3 个方面分析：

(1) 影响因素分析。影响因素分析以体系或系统层次军事需求为例，应对体系或系统可能潜在的变更原因进行分析，列举体系或系统建设过程中可能出现的变更原因，并对变更原因进行分类。例如：由于作战任务的变化而导致作战需求发生变更，进而影响到某一武器系统的性能和功能设

计；由于需求方与供给方对具体军事需求理解不一致造成需求的变更。

(2) 影响层次分析。影响层次分析针对需求指标的层次性，逐层分析指标变更的影响因素，确定需求变更可能带来的影响有哪些方面以及对系统带来的影响是什么层次的。不同层次指标所涉及的因素是不同的，采用方法也不同。例如：如果变更影响系统的性能，可采用层次分析法、网络分析法等；如果变更影响系统的功能，可采用 SEF 法、影响图法等。

(3) 需求变更分析。需求变更分析运用定性与定量相结合的方法对需求变更可能带来的影响进行综合分析，主要包括对系统建设目标、建设时间、系统效能等方面的具体影响进行分析。如果变更提出时系统需求正在开发，就必须分析这个变更对需求体系产生了什么样的影响；如果提出的变更正在系统中执行，那么需求变更分析就要涉及变更对需求的影响、对系统设计和它的执行对系统的影响；如果提出的变更在系统进入操作运行之后，那么就必须附加检查所有的风险承担者由于变更可能产生的影响，最终通过需求变更分析做出合理的决策与处置措施。

第六章　装备需求管理

在装备需求开发与实践过程中，普遍存在如何明确装备需求由谁提出、由谁论证、由谁监督落实的问题，这就需要对装备需求进行统一管理。纵观当今世界发达国家，无不重视对装备需求进行统一规范与科学管理。从我军现实情况来看，在国防和军队建设中重视装备需求开发和坚持装备需求牵引越来越成为共识。为此，进一步加强装备需求的统一管理，用装备需求牵引武器装备建设，对于指导国防和军队建设的改革，解决长期以来因忽视军事需求开发而导致的诸多现实问题具有重要的意义。

6.1　装备需求管理的基本内涵

对装备需求管理的认识主要有两种看法。一是狭义上的装备需求管理，认为装备需求管理是指装备需求开发结束后，专门针对装备需求论证成果及后续实现、变更等进行的管理。例如，装备需求管理是对整个武器装备系统生命周期内的需求及需求来源和与其相关的人员、系统开发过程中各种相关系统组件(如设计、实现、测试用例)等要素的管理，其本质是管理装备需求体系内部与外部错综复杂的各种关系。装备需求管理的内容主要包括需求跟踪管理、需求变更分析、变更控制和版本管理等。二是广

义上的装备需求管理，认为装备需求管理是针对装备需求的获取、论证、评估、实现等所进行的全过程管理。包括对装备需求相关的人员、组织、资源等进行的统一管理。

鉴于本书所研究的装备需求是涵盖国家、军队、联合、军兵种以及各个系统和体系层次的装备需求，因此认为从广义上界定装备需求管理更为合适。所谓装备需求管理，是围绕装备需求的开发与实现所进行的领导控制、计划组织、评估监督、资源调配等一系列活动的统称。

1. 装备需求管理的对象

从管理对象看，装备需求管理的对象是装备需求及装备需求论证、开发与实现的相关活动。装备需求管理的对象既包括对静态装备需求成果及相关内容的管理，也包括对装备需求获取、分析、描述、验证等一系列活动的动态管理。从本质上看，装备需求管理是对装备需求的论证与实现过程中相关人员、组织、资源及活动的管理。

2. 装备需求管理的目的

从管理目的看，装备需求管理的主要目的是实现装备需求论证活动的科学、正规、有序，确保能够形成正确的装备需求，并得到满足与实现，使武器装备建设与发展科学合理。加强装备需求管理是为国防和军队建设服务，是一个主动的、有目的过程。

3. 装备需求管理的活动

从管理活动看，装备需求管理主要包括对装备需求论证权利与职责的划分、相关人员和组织、装备需求论证过程以及相关资源和经费的管理。这一管理活动也包括计划、组织、领导、控制等，它们作为实现目标的手

段，是装备需求管理的基本职能。通过装备需求管理活动，实现资源与职能活动的协调。

4．装备需求管理的层次

从管理层次看，装备需求管理也是分层次的。从宏观上看，主要是对整个装备需求体系的战略管理；从微观上看，是对某一体系或系统的具体军事需求论证活动的全过程管理。例如：对国家、军队、联合、军种各层次的装备需求管理，是装备需求的宏观管理；对装备各领域有关系统或体系建设装备需求活动的管理，则属于装备需求的微观管理范畴。

5．装备需求管理的手段

从管理手段看，装备需求管理主要是运用人员管理、组织管理、资源管理、信息管理、质量管理、效益管理等手段和方式，从时间、对象、活动等三个方面对装备需求进行统一管理。

当前，加强装备需求管理，对于确保装备需求论证与开发的职责明确、过程规范、方法科学、资源节约，使装备需求论证与开发工作科学有序、正规高效，具有重要理论与实践意义。

6.2　装备需求管理的基本原则

从国家和军队的装备需求体系来看，装备需求管理是一个复杂的体系，内容广泛，涉及人员和领域众多，具有其特定的运作规律。为保证装备需求管理科学规范，须遵循一些必要的原则。

1. 统一管理原则

统一管理原则就是要从国家和军队层次上加强对装备需求的统一管理，对各层次及各领域装备需求的论证职责、提出过程、实现监督等进行规范与明确。在国防和军队建设实践中，不同层次、不同领域的装备需求一般由不同的需求主体提出，这些需求主体往往会基于对自身价值取向和利益需求，而提出不同的军事需求。如果不进行统一管理，势必会陷入混乱、无序、重复和资源浪费。因此，在装备需求管理中遵循统一原则，是提升装备需求论证质量，优化资源配置，统筹局部利益与全局利益的必然要求。

2. 过程管理原则

过程管理原则就是着眼装备需求的获取、分析、开发、变更、评价、实现等活动，对装备需求实施全过程管理。装备需求作为一项长周期活动，从开发到实现的过程涉及多个部门、多个领域，时间持续周期一般较长，为此应采用系统工程的理论和系统论证的方法对其进行全系统、全过程、全要素管理。加强装备需求的全过程管理，有利于从全局的角度对装备需求进行管理，有利于对装备需求开发和决策论证的全过程进行追踪和监测。

3. 规范管理原则

规范管理原则就是要在装备需求管理中，针对装备需求的提出主体、提出程序、分析方法、评估标准等进行规范。装备需求的提出与描述是一项严谨的科学活动，必须通过完善的机制、规范的程序、科学的论证、系统的分析，并主要通过量化方式进行描述，才能得出科学、准确、合理的武器装备需求。因此，加强装备需求的管理，也必须充分贯彻规范原则，

采取多种措施，从组织、计划、法规、职责等方面推动装备需求管理正规化。

4.体系管理原则

体系管理原则就是要针对装备需求这一管理对象的要素、结构与体系构成，从整体上、宏观上加强管理与统筹。装备需求的实践性极强，从横向上看，涉及理论、人员、装备、体制、作战、训练等多个领域；从纵向上看，涉及国家、军队、联合、军兵种以及具体项目建设等多个层次，从而构成一个复杂的体系。因此，加强装备需求管理，必须将装备需求作为一个完整的、有机的体系进行系统的分析，搞好整体优化。

5.效能管理原则

效能管理原则就是要在装备需求管理中，坚持以战斗力为标准，统筹考虑人员、装备、规模、体制、费用、保障等影响装备需求效能的各种因素，把提高整体作战效能作为基本原则，力求实现装备需求论证的最佳效益。为此，在装备需求管理中，要着眼规模求效能，着眼优化组合和整体配套求效能，着眼提高质量求效能。特别是针对各类装备系统和体系军事需求的管理，要尽可能保证发展的一致性、连续性，防止走弯路，造成资源的浪费，在战略上实现发展道路的最优。

6.质量管理原则

质量管理既是一种方法，也是一种原则。质量管理原则就是要着眼提升装备需求论证的质量，贯彻质量至上理念，采用质量管理的方法，对装备需求实施规范管理。质量是反映装备需求论证结果符合客观实际的程度。在操作实践中，加强装备需求的质量管理，确保装备需求的获取、分

析、描述、验证等过程规范，是实现装备需求论证结果符合国防和军队建设实际的一项重要保证。

6.3 装备需求管理的主要措施

当前和今后一个时期，借鉴西方发达国家的先进经验，可从以下 8 个方面入手，进一步完善我军装备需求管理机制。

6.3.1 健全装备需求管理的组织机制

健全装备需求管理的组织机制，是加强装备需求管理的基础工作。没有健全顺畅的组织机制就很难实现对装备需求的科学管理。目前，一些西方发达国家十分重视完善装备需求管理的组织机制，采用多种方式建立、健全装备需求管理的组织机制。从世界各国军事需求管理组织现状看，通行做法是坚持以军方为主导，通过设置专门的需求管理与监督组织，或者将装备需求管理职能明确划分给有关职能部门，从军兵种部队到联合层面依次展开，注重军兵种需求与联合需求有机协调，统一提出装备需求。

下面以武器装备的军事需求论证为例进行说明。美军明确规定，武器装备军事需求由各军种下属机构、各联合司令部和国防部直属业务局负责，国防部设置联合需求监督委员会，统一负责审查联合需求，确立武器装备需求及其优先顺序，提出需全军共同研制生产的备选武器项目，为国防采办委员会的阶段审查提供依据。法国三军参谋部和军种参谋部虽然不直接管理武器装备研制与生产，但都设有装备(总)局负责拟定武器装备需求草案，装备(总)局下专设军事顾问办公室，各军种参谋部都有一名军官

参加该办公室工作，负责协调各军种参谋部及其他部门提出的军事需求。德国三军没有研制、采购武器的权力，但明确规定有提出武器装备需求的职能，国防部的总装备部在三军提出装备需求的基础上，制定武器装备发展规划计划并组织实施。英国在国防参谋部专设武器系统局，在国防参谋长领导下负责统一制订三军作战需求，提出战术技术指标文件。

近年来，我军关于加强装备需求论证的管理和规范已引起有关方面的重视，也取得了一定成效，但在装备需求管理的组织机制方面，还存在着诸多薄弱环节。为改变此种状况，应着眼解决需求论证不统一、不权威、不规范等突出问题，从组织机构、职责区分、协作关系方面入手，建立符合我军实际、反映联合作战要求的权威规范的装备需求论证体制机制，全面提升装备需求论证的质量和水平。可从国家和军队战略需求出发，分层次、分部门、分领域完善相关组织机制，加强对装备需求的统一管理。例如，结合我军体制编制实际，可在军委机关层面设立类似于美国联合需求监督委员会的机构(可称为全军军事需求委员会)，由一名军委首长主持，统一组织、领导军队各层次军事需求论证工作，坚持以既定的国防军事战略思想为指导，以一体化联合作战需求为牵引，综合考虑各种资源条件和技术条件的制约，统筹论证各军兵种的军事需求并最终评定这些需求。各军兵种、各战区也应相应成立军事需求委员会，按照军委机关的战略指导思想和具体指示提出军事需求，并接受任务开展具体工作。这样，既有助于避免浪费，又有助于从总体上优化作战体系结构。

6.3.2 优化装备需求论证人员的编成

从军事需求微观层面的组织来看，应根据需要吸纳领导机关、军种部

门、作战部队、技术顾问、生产企业多方人员共同成立一体化项目小组。军方代表全程参与项目管理，是实现装备需求的重要保证，这一点在武器装备研发领域表现尤为突出。近年来，西方主要发达国家纷纷加大了武器装备项目管理改革力度，其中一项十分重要的内容是，通过成立一体化项目小组，具体负责武器装备研发，从而保证了武器装备全系统全寿命管理的落实。实践证明，采取一体化项目小组的形式，有利于加强军方与工业企业的沟通，有利于保证军事需求与装备发展的有机融合，有利于提高装备发展特别是军事需求的贯彻落实。

美国陆、空军参谋长和海军作战部长始终参与领导武器装备研究、发展、试验与采购工作，保证了军事需求的有效贯彻执行。此外，美军还成立了一体化产品小组或产品综合工作组，并将其作为装备采办的一个主要关系协调机构。美国国防部采办条例规定，国防部的采办人员、作战能力需求拟定人员、经费主管人员和装备使用人员应当通过一体化产品小组保持彼此之间连续、有效的沟通。在装备能力需求确定阶段，作战人员、装备使用人员、研制人员、采办人员、技术人员、试验人员、经费预算人员和装备持续保障人员就应当组成协作班子。这种一体化产品小组又分为顶层一体化产品小组、综合层一体化产品小组、工作层一体化产品小组，其中顶层一体化产品小组主要管理 I 类采办计划，由计划主任、计划执行官、部门参谋、联合参谋部参谋等负责采办，负责技术与后勤的国防部副部长的参谋、国防部长办公厅的部门主管或代表参与监督与审查具体计划。工作层一体化产品小组由军种司令部人员和国防部长办公厅的职能官员组成，负责管理单一采办计划。综合层一体化产品小组由项目主任领导，负

责协调工作层一体化产品小组的工作，协助编制采办策略、起草合同、估算成本、评估方案等工作。

英国国防部国防装备与保障总署作为英国国防科研生产的统一管理机构，在工作中始终保持同国防参谋部武器系统局和各军种作战需求参谋密切协作，互相参与对方的工作。在武器装备发展的每个阶段，都必须吸收联合参谋部的人员参与。方案拟订阶段由联合参谋部牵头，联系其他装备管理与研究部门共同制订作战需求的正式文件——《参谋部指标》；可行性研究阶段主要由国防装备与保障总署的科研机构承担，但联合参谋部对可行性报告进行审查讨论；方案论证阶段主要是经费保障、技术指标和研制周期的论证，联合参谋部参与其中工作，并审查论证结果；全面研制阶段由国防装备与保障总署及一体化项目小组全面负责，但试验鉴定必须由现役部队参与；在生产阶段，联合参谋部及部队始终参与质量检查与验收。此外，英国在国防装备与保障总署下设若干一体化项目小组，具体负责某一武器装备项目的组织管理。英国国防部规定，一体化项目小组的成员主要由副国防参谋长下属的科技人员、专职的采购服务人员、军种使用单位、训练单位以及试验单位和运输单位的现役专业人员组成。一体化项目小组既要向国防装备与保障总署的领导负责，更要直接向军方用户负责，即负责按议定的成本、性能指标和进度向用户提供装备和保障。

法军为保证装备需求的全过程管理，分别设置了三个关键岗位，并安排了三位关键人物负责，以确保装备与需求的有机统一。三个关键岗位分别是兵力系统设计师、作战协调官、相关军种协调官，其中兵力系统设计师为武器装备总署的"武器装备工程师"，负责描述各任务阶段的工作，

并监督各种计划项目的落实；作战协调官由军种参谋长任命，负责联合武装部队的兵力系统，或由联合武装部队参谋长任命负责某个军种的兵力系统；相关军种协调官由军种参谋长任命。兵力系统设计师、作战协调官和相关军种协调官共同负责准备阶段的需求论证，并在武器装备研发全过程中可以提出军事需求修正与更改建议。此外，法军还成立了高度一体化的跨学科项目小组，负责完成武器装备全过程项目管理，实现各种预期目标。武器装备一体化跨学科项目小组设项目主任及若干助手，成员由技术和管理专家(称为现场专家)、武装部队参谋部的代表和工业界人员组成，特别是武装部队参谋部人员全面参与技术研究、工程研制、样机试验与鉴定等工作，保证了项目全过程实现军事需求。在实施过程中，先由武装部队参谋部确定军事需求，国防武器装备总署确定硬件，然后由工业界提出技术方案并生产装备和武器系统，一体化跨学科项目小组对作战需求、产品规格、技术方案进行整体优化，最后由武装部队参谋部全面负责武器装备的费用、计划、质量、采购和风险管理。

德国国防军及各军种参谋部的规划处、后勤处及军事政策处等部门，密切配合联合军事技术与采办总署的工作，选派人员参与各个项目的具体管理工作。

6.3.3　规范装备需求论证工作的程序

装备需求论证是一个复杂的过程，要综合考虑国家战略、军事战略、作战方针，以及具体的作战任务、作战环境、作战保障等诸多因素，西方发达国家为此设计了比较严格的装备需求论证程序与论证规范。美军的装备需求论证属于装备采办全寿命周期的需求分析阶段，启动点是装备使用

部门编制的初始能力文件。美军的装备需求论证首先以顶层政策(国家安全战略、国家军事战略、联合构想、各联合总部的优先需求项目清单、联合情报指南)为依据进行职能领域分析,采用"从战略到任务的方法"对完成既定任务的能力进行分析以及对职能需求进行分析,找出能力缺陷,明确能力需求。然后进行职能方案分析,找出仅依靠"非装备途径"(发展作战理论、调整体制编制、改进训练水平、提高指挥能力等)无法弥补的能力缺陷,并采用"装备途径"解决方案,给出初始能力文件或作战原则、组织、装备、领导、人员与设施的更改建议。接着将形成的方案经确定后形成方案集,进行后期独立性分析,分析备选方案并形成解决方案。最后初始能力文件经参联会联合需求监督委员会确认、核准后提交国防部采办委员会,供其做出装备型号方案立项决策(美军装备型号立项从方案探索和材料分析开始),并以此进入装备全寿命周期各阶段。

我国应借鉴国外发达国家的成功经验,依据装备需求生成基本规律、国家安全战略、军事战略和作战方针,根据装备需求管理的职能划分,设计和制定国家、军队、军兵种及各分领域装备需求论证的规范过程与标准工作程序,确保装备需求论证的质量和水平。

6.3.4 加强装备需求的全过程控制

从装备需求开发与实现过程看,通过在各个阶段设置里程碑决策点,依次对照装备需求进行审查与监督,是保证军事需求贯穿装备开发与建设全过程的必要保证。

对装备需求开发与过程进行全程管埋与控制是提升装备需求管理质量的重要保证。这一点在武器装备项目开发中表现尤为突出。武器装备发

展作为系统的项目，多具有实施周期长、过程繁多、环节复杂的特点，为保证实现最终的目标，一般将武器装备发展目标分为总目标和各阶段目标。这里的阶段可称为里程碑，里程碑目标是实现项目各阶段的目标。通过各里程碑目标的实现，最终可以实现总目标。西方一些国家都将武器装备发展区分为若干阶段，分别设置里程碑，并在每一里程碑决策点进行装备需求的控制与监督。

美军为保证武器装备发展质量，不仅设置了明确的里程碑，还专门规定了里程碑决策当局负责审批每一里程碑结束后应达到的相关要求。里程碑决策当局可依据特定阶段的准入标准和法定要求，决定是否批准在任何一个决策点进入采办系统。整个采办寿命周期的进程取决于能否获得足够的条件继续下一阶段的研制工作。重大装备项目由参联会联合需求监督委员会确认和批准(两报两批)(在此之前，由参联会联合参谋部情报、作战、后勤、C4I、作战计划与联合部队发展等二级部和各联合总部对其内容进行逐项审查)；一般装备项目的，由主办部门隶属的军种部和国防业务局确认和批准。在需求分析和装备采办全寿命周期内，里程碑当局对武器装备军事需求论证文件进行严格的确认和批准。

英军将武器装备采办分为5个阶段。第一阶段，由国防部"能力主任"运用系统工程原理(即一体化方法)监督、确定军事需求，对可以弥补军事能力不足的各种方案进行广泛评估，并组成一体化项目小组，进而形成装备方案。第二阶段，对各种方案做出全寿命费用估算，然后连同用户需求文件草案一起提交国防部装备批准委员会进行第一次批准(这种出口审批称为初出口批准)，保证军事需求的权威性。第三阶段，通过初出口审批

后,"能力主任"与一体化项目小组组长继续参与组织评估,结合技术、资源、风险、费用等多种因素,对装备作战性能进行反复比较权衡,确定装备全寿命费用、装备性能、发展期限之间的最佳平衡点,然后联合提请第二次批准(称为主出口批准)。在此之前,方案会先由国防部常务次官和首席科学顾问授权的需求和技术审查人员进行详细审查。第四阶段,经过主出口批准后,军事需求才能完全确定,可作为签订系统全面研制和生产合同的依据。第五阶段,军事需求一旦确定,需求管理由一体化项目小组内的需求主任负责,但其无权变更与修正需求。这一阶段军事需求的变更权仍然归"能力主任"拥有,体现了军方对军事需求的主导权。

法军将武器装备采办分为 4 个阶段。第一阶段,主要确定军事需求,先由联合武装部队参谋部根据"30 年规划",与作战设计官合作,提出作战能力研究的平衡表,详细说明军事需求,并提出初步的作战能力优先顺序表。第二阶段,由武器装备总署负责提交技术和工艺的综合分析,评估关键风险。第三阶段,由联合武装部队参谋长、兵力系统设计师和作战设计官联合起草并形成可行性研究文件。第四阶段,先由常设执行委员会进行审查,该常设执行委员会由武器装备总署署长、军种参谋长以及联合武装部队参谋长和行政秘书长推荐的人选组成,对可行性研究文件进行审查,综合考虑军事需求、技术创新、经费负担、工业成果和国际合作因素,然后提交国防部长,做出是否进入下 阶段的决定。

6.3.5 创新装备需求的论证方法

从装备需求的论证方法看,运用工程化的方法和手段系统实施军事需求工程是实现装备需求论证规范化、科学化和全面提升装备需求论证质量

的有效方式。装备需求工程是应用已证实有效的技术、方法进行军事需求分析，确定各方需求，帮助军事需求论证人员理解问题并定义军事需求的所有外部特征的一门学科。现代军事系统的性能日趋先进，构成日趋复杂，费用也日趋昂贵，军事需求上的任何偏差都会给军事系统发展建设带来重要影响。加强装备需求论证的规范性和采用工程化的思想和方法成为以美国为首的西方发达国家的普遍做法。

需求工程的基本思想和方法源于 20 世纪 60 年代末出现的软件危机，随着软件工程的发展，20 世纪 80 年代中期逐步形成了一个新的分支——需求工程。进入 20 世纪 90 年代以后，需求工程的理论与方法得到了快速发展。20 世纪 90 年代以来，军事需求工程研究与应用逐渐得到西方国家的广泛重视。美军在军事需求领域一直处于国际领先地位，取得了大量研究成果并得到实际应用，总体上形成了一套基于能力的军事需求工程方法学，建立了一整套实用化的需求工程技术，并形成了配套的军事需求工程工具集和制度，用于指导作战概念开发、能力建设、武器装备体系建设和系统研制。

军事需求工程方法是一项系统工程，从美军的实践看，包含一系列的方法、模型、过程、检验、评估等。军事需求工程围绕军事需求展开，主要采用顶层设计方法，以构建标准化的系统和体系结构框架为目标，分层分解作战任务，细化要素组成和交互关系，使用集成了诸如需求获取、表示、验证、管理等工程工具的软件平台，为军队作战指挥人员和技术人员提供理解与沟通的渠道。军事需求工程方法具有以下功能：

(1) 具有规范化的需求获取技术。例如，在信息系统建设军事需求领

域，美军先后通过制定国防部体系结构、C4ISR、JTA、GIG 体系框架等一系列体系结构文件，实现了从军事需求出发，通过构建作战体系结构、系统体系结构、技术体系结构三大体系结构来建设一体化信息系统的目的。

(2) 综合运用建模技术，构建规范化、标准化的体系结构，实现军事需求表示。美军通过采用多种方式，如自然语言表述、面向功能的技术表述、面向数据的技术表述等方法，对军事需求进行定量化的描述。

(3) 建立军事需求验证的指标体系，采用仿真技术和形式化技术，实现军事需求验证和系统评估。美军采用需求评审、测试案例、文档规范检查、模拟仿真等多种技术对军事需求进行系统验证和科学评估。

(4) 制定军事需求跟踪和变更的管理策略，实施军事需求规范管理。美军为支持军事需求的变更和演化，解决可跟踪性及需求变更带来的问题，采用统一的需求标识、需求编码，实施变更控制和版本控制，确保军事需求统一。

6.3.6 规范装备需求的表述形式

装备需求的表述形式是装备需求论证的重要内容。不统一、不规范、不具体、不权威的装备需求表述形式，势必严重影响军事需求的论证质量。因此，西方发达国家的普遍做法是规定若干军事需求的权威文件，将军事需求以简明、清晰、具体的表述形式固化下来，作为武器装备研制的基本依据。

美军的军事需求表述形式已被固化为法规、规章和法规性文件。美军装备使用部门一般编制 3 类需求文件，即《初始能力文件》《能力发展文件》和《能力生产文件》，这些文件都要在规定的时限内经过定义、成文、

确认、批准 4 个阶段，采用标准统一的格式编制。《初始能力文件》提出通过装备途径解决能力差距的方案，经过联合需求监督委员会批准后就开始生效，在方案决策、里程碑 A、里程碑 B、里程碑 C 中均发挥作用；《能力发展文件》在《初始能力文件》基础上，经过方案精选分析和联合需求监督委员会批准后形成，在里程碑 B 发挥作用；《能力生产文件》在《能力发展文件》的基础上，经过系统开发和演示阶段验证的完善及联合需求监督委员会批准后形成，在里程碑 C 发挥作用。

英军主要采取《用户要求书》和《系统要求书》两种规范文件对军事需求进行具体表述，要求每个用户或系统需求都以一个唯一和无歧义的说明或"细化"的要求使之具体化。这两种文件中的每条要求都要做到"简明、专指、无歧义"，也被称为"条条杠杠式"要求。《用户要求书》用于反映用户需求，主要反映用户对作战能力的需求，并提出比较原则的总体要求。在装备系统的整个寿命周期内，要根据需要对用户需求文件进行修改，以反映不断发展的用户需求和变化着的作战设想。但对用户需求文件要设定必要的基线，以便项目能得以批准。尤其是基线型的用户需求文件(称为较高层次的用户需求文件)将构成任务需求书，它将用以在"初出口批准"点制定各种装备选择方案。《系统要求书》则用于细化用户的需求，将用户的需求转化为系统要求，包括系统的关键性能参数、经费额度估算和项目预期进度等，应作为与供货方签订合同的依据。《系统要求书》一般在武器装备发展的第二个批准阶段——方案评估阶段中(即"主出口批准"点)才能编制出来，并确定了批准的基本标准。批准的基本标准一旦确定，必须由用户和一体化项目小组领导共同协商后才能更改，或者在以

后需要作为装备服役改进的基础时才能修改。

为此，应通过系统论证，制定出台统一权威、规范完备、清晰简明的文件格式，对各层次、各领域的军事需求进行详细描述与说明，使之成为系统开发与建设的基本依据，有利于军事人员、技术人员、生产人员形成对装备需求的一致看法，并将其贯穿到装备需求建设的全过程。

6.3.7 制定装备需求管理的法规制度

装备需求管理法规是规范装备需求论证工作的有效形式，既是对装备需求论证经验的科学总结，又是国防和军队建设对军事需求论证要求的具体化、规范化。健全科学的军事需求论证法规不仅是军事需求论证步入正轨、走向成熟的标志，而且还直接影响着今后国防和军队建设的健康发展。从我军实际看，加强装备需求论证法规建设，使装备需求论证有法可依，有章可循，也是一项十分紧迫的工作。

为提升我军装备需求论证的质量，应根据装备需求论证的特点，制定相应的法律、规章、制度，尽快形成具有我军特色的装备需求论证理论与法规体系，以规划装备需求论证的总体发展，规范装备需求论证的运行机制，提高装备需求论证的科学性、合理性、有效性，起到更有力的指导作用。装备需求管理法规应突出规范 3 个环节：

(1) 规范装备需求论证过程，从组织、主体、方法、程序、验证等方面入手，规范装备需求论证过程，出台《装备需求论证》手册，对各军兵种联合、军队层次的装备需求论证工作进行规范。

(2) 规范军事需求表述形式，明确若干种装备需求领域权威、规范、统一的文件形式，可借鉴美军的《初始能力文件》《能力发展文件》《能力

生产文件》的形式，制定具有我军特色的系列军事需求表述形式。

(3) 规范装备需求论证与审批权限，特别是明确联合军事需求、军兵种军事需求，以及不同层次和不同规模的系统、体系层次军事需求的确认与审批权限，实现统一管理与监督，切实加强对全军军事需求论证的统一管理。

6.3.8 加强装备需求关键环节的监督审查

当前，随着一体化体系结构的提出，装备需求与建设过程越来越紧密。从总体上看，我军装备需求论证前期缺乏建设部门和机构的介入，后期缺乏具有约束力的需求文件的具体指导，同时缺乏对建设过程中出现的需求问题进行及时论证，"闸门"作用不明显。需求论证与建设发展脱节的做法，则会在工程研制及生产使用的各阶段没有设定合理的需求论证切入点，不能及时调整需求及搞好新技术的切入，不能做到研制、使用和保障的综合考虑及评价，从而没有形成需求与保障的前后衔接，影响装备需求论证各项系统建设节点控制和管理的效能；在建设后期与作战部门的联系不紧密，一些项目被研制与生产部门牵着鼻子走，失去或减弱了需求论证的牵引效果，导致在项目研制过程中达不到立项时战技指标的要求，或者使系统建设不符合作战的实际需要，影响最终的建设质量。为此，应通过加强装备需求关键环节的监督审查，保证装备需求的贯彻落实。

首先，在装备需求确定的过程中引入需求牵引机制。引入需求牵引机制应遵循以下两条原则：

(1) 以满足作战能力需要为准绳。进入 21 世纪后，在复杂多变的国际安全环境的影响下，一些国家先后摒弃了基于作战对手或主要威胁确定

军事需求的方法，转而选择基于作战能力确定军事需求的新模式，即军事需求的提出着重追求一种包括武器装备在内的、通过网络、信息和知识等多种要素联为一体的全面综合的作战能力。这种"基于能力"的策略在采办需求的确定上就更强调以满足综合作战能力为核心。

(2) 重视作战等用户部门在需求确定过程中的主导作用。军事需求确定过程中所进行的系列活动，大多与作战部门紧密相关，为此必须坚持以战斗力为标准，充分发挥军事需求论证活动中作战等用户部门的主导和支配作用。同时，在项目建设过程中的所有活动必须以可识别的、用文件证明及经批准的军事需求为依据。

其次，在建设计划制定过程中引入军事需求牵引机制。引入军事需求牵引机制需强调以下两点：

(1) 要以军事需求为导向制定建设发展计划，配置国防财政资源。具体来说，就是要把军事战略、国防预算、部队需求和武器研制有机地联系起来，把制定决策过程中的规划、计划和预算三个阶段合成一个总体来统一考虑，形成一个完整而统一的国防规划计划预算系统，提高国防资源利用效率。

(2) 要加强作战需求部门在计划审批中的审查力度。例如，为了搞好武器装备的宏观决策，很多国家在装备采办计划制定上都建立了相应的决策机制，通常称为联合委员会，一般是由国防部内负责计划、经费和资源管理的部门主持，由作战指挥、装备采办以及各军种有关部门领导组成。该组织对装备发展政策和重大采办计划制定实行集体决策和联合审批，如讨论计划、经费和资源分配事宜，制定有关计划，审批有关部门计划预算

方案，协调各军种计划和资源分配等。在这个过程中，作战需求部门对规划和计划阶段成果的审查力度逐步得到加强。例如，法国武器装备发展的规划、计划是整个国防规划、计划的一个组成部分，是在国防规划、计划制定过程中一并完成的，遵循法定的程序和审批制度，并以法令形式保证其实施。

最后，在建设实施过程中引入军事需求牵引机制。引入军事需求牵引机制需注意以下 3 点：

(1) 在项目运行的具体过程中加大用户介入解决设计问题的力度。下面以武器装备军事需求管理为例进行说明。在当前世界各国装备采办项目运行中普遍实行的项目管理制度中，项目管理办公室是武器装备采办项目的基层管理部门，它在项目主任领导下负责按国防部或军种规定目标完成某项武器装备采办任务。该管理组织会有专人与作战部门充分交流沟通，并吸收作战部门人员参与其中，这种做法的最大特点就是加大了用户介入解决设计问题的力度。在这一点上，美国空军的 F-22 项目是受到美军各方面推崇的采办项目管理的成功范例。这是美国为保持空中优势于 1983 年正式启动的 F-22 高级战术战斗机(ATF)开发项目。为了明确采办要求，确定什么是真正需要的装备，美国空军高层采取了各种措施来保证 ATF 符合用户要求。如建立 ATF 要求制定综合产品组，其成员包括战术空军司令部的代表、项目办公室的采办专家，以及参与竞争的洛克希德公司、诺斯罗普公司、普惠公司和通用电气公司。各成员之间通过相互交换意见、讨论和争论，最终得出合理的结论。这样做的结果使用户及时了解设计和生产的困难以及 ATF 要求制定综合产品组坚持对设计进行修改的理由，

同时在用户介入下解决了设计问题之后，产生的设计必然会使用户更加满意。

(2) 实行联合需求与渐进式建设一体化策略来加强军事需求对项目建设的牵引作用。联合需求与渐进式建设一体化策略的实行，可以有效解决需求与项目建设实现之间的问题，加强军事需求对项目建设的牵引作用，确保项目建设适应一体化联合作战的需要，有效满足新的军事需求。

(3) 突出需求使用部门在试验与鉴定过程中的主导与支配作用。这一点在武器装备、信息系统等重大项目建设中尤为重要。从大多数需求来看，试验与鉴定工作贯穿项目建设与发展全过程，而在确定试验要求、评价试验结果和决定新武器装备前途与命运方面，作战试验与鉴定部门代表武器装备产品的最终用户，比研制试验部门享有更大的发言权，负有更大的责任。因此，应当由作战试验与鉴定部门进行独立的作战性或使用性试验与鉴定，并将结果直接呈送主管作战试验的部门。这样可以避免武器装备研制部门的一家之言，充分反映和满足作战部队的实际需求。当前，随着军事需求牵引在各国武器装备采办过程中的作用日益突出，试验与鉴定工作呈现出更加注重用户即作战部队作用的发展趋势，并采取了一系列措施。如让作战试验人员尽早介入研制过程，以便及早发现潜在问题，争取更快、更及时地加以解决。又如，试验与训练应尽可能相结合，促使部队用户在设计过程中早日接触新的系统，从而深入体察武器装备实际的作战性能，提出有价值的反馈意见。

第七章 装备需求支撑平台

武器装备需求论证是一项涉及面广、综合性强的工作，是武器装备建设的起点，贯穿于武器装备全系统、全寿命管理的整个过程。武器装备需求论证工作的复杂性、艰巨性和渐进性决定了应将专家群体、各种信息和数据与计算机技术有机结合，把各种学科理论与人的经验、知识结合起来，以发挥整体体优势去解决问题。为此，本章基于商用成熟软件与自主开发的软件工具的综合集成，构建一体化武器装备需求论证支撑平台，并用实例对平台的实用性和有效性进行说明。

7.1 支撑平台的基本定位

一体化联合作战，要求武器装备需求论证要从体系层次开展论证，这既需要 DoDAF 和 MoDAF 等新一代标准化的系统工程指导思想和方法，也需要采用 UML2.0 和 SysML 等先进的系统工程开发标准、描述手段和方法，更需要能够体现这些先进指导思想和方法的开发工具平台来实施和支撑。

1. 支撑平台的功能要求

传统的系统工程思想、方法和开发工具已经不能满足当今一体化联合

作战背景下武器装备需求论证的需要,构建体现先进系统工程思想和方法的支撑平台是当前开展武器装备需求论证的迫切需求。支撑平台应该满足如下要求:

(1) 统一的需求管理贯穿整个需求生成开发周期,需求变化能够及时反映到受影响的系统,并被及时处理和评估,保持需求一致性。

(2) 需求的交互与交流应直观,易于理解,通过执行、演示先期模型来挖掘需求,保证需求的快速确认。

(3) 高层作战需求指引作战体系结构和能力体系结构的开发,由作战体系结构和能力体系结构导出武器装备系统功能结构需求,实现自顶向下的需求开发流程。

(4) 规范的可视化需求描述和分析手段。

(5) 支持基于体系结构框架标准的规范化需求开发。

(6) 支持基于动态仿真的需求评估与验证。

(7) 支持专家联合论证和综合研讨。

2．支撑平台承担的任务

支撑平台的主要任务是辅助实现从高层作战需求到武器装备需求的各个层次的需求获取、需求分析、需求建模、需求验证、需求挖掘、快速原型设计、需求动态管理、需求跟踪、需求变更等活动。具体来讲,武器装备需求论证支撑平台协助承担以下几个方面的任务:

(1) 规范武器装备需求论证流程。重点解决需求的"无源""无的"问题,使需求来源可知、目的明确。通过规范的需求开发流程和不同层次需求间的映射分析来保证任务需求、能力需求与装备需求之间的一致性,

反映任务、环境、技术等要素对装备需求的影响。

(2) 支持多视角的需求建模与分析。规范武器装备需求建模方法，保证不同领域人员都能够从各自视角对武器装备需求形成一致的理解，便于武器装备需求论证过程中不同领域人员的分工与协调。

(3) 实现科学的需求管理。科学的武器装备需求管理重点解决武器装备需求的"无关""无据""无实"等问题，使武器装备需求关联清晰、数据可重用。基本要求是能够实现需求的跟踪管理、需求的变更控制以及需求的版本管理。

(4) 需求验证与评估。支撑平台提供的软件工具能够建立武器装备需求描述的过程模型，支持基于动态仿真的需求验证与评估。

(5) 综合研讨。在同一分布式软件平台上，能够支持多领域专家的综合集成研讨。

7.2　支撑平台的功能需求

武器装备需求论证可以看作是一个复杂的非线性问题的求解过程，需要经过反复的迭代分析，不断完善。因此，对支撑平台提出如下功能需求：

(1) 信息检索和资源管理功能。武器装备需求论证过程需要大量收集、查阅信息资料和准备数据，这就需要支撑平台具有信息资料查找、检索和数据管理功能。论证过程中有不同层次的需求和大量的不同类型的数据模型，这就需要支撑平台具有有效的资源管理功能。

(2) 仿真运算和知识推理功能。武器装备需求论证过程中既有定量问题也有定性问题，这就需要支撑平台具有定量运算、动态仿真和知识推理

功能。武器装备需求论证要按照体系结构框架标准和相关的需求建模描述方法进行需求分析，这就需要支撑平台能够有效地支持体系结构框架标准和相关建模方法。

(3) 综合集成支持与研讨功能。武器装备需求论证过程中就某一问题的解决，既需要需求分析人员的个人判断，又需要多位专家的共同研讨，这就需要支撑平台具有综合集成的研讨功能。此外，武器装备需求论证中要把各领域专家的经验、各种方法和模型、各种技术、各种知识、各种信息和数据综合起来，这就需要支撑平台具有综合集成功能。

(4) 战场环境及对抗仿真功能。由于问题的复杂性，武器装备需求论证过程中需要生成相关的作战场景或者战场环境，以启发专家的智慧，这就需要支撑平台具有体系对抗仿真和"人不在回路"的自主推演等功能。

(5) 人机交互及验证评估功能。武器装备需求论证过程中应尽量减少人的工作量，最大限度地发挥计算机的能力，这就需要支撑平台具有良好的人机交互功能。此外，需求论证过程是一个分析—验证—再分析—再验证的循环迭代过程，这就需要支撑平台具有验证评估功能。

7.3 支撑平台的总体框架

基于前面对装备需求相关内容和方法的论述以及根据支撑平台的基本定位和功能需求，本节将提出武器装备需求论证一体化支撑平台的功能逻辑架构，包括需求建模与分析系统、验证评估系统、综合研讨系统、需求管理系统和支撑资源库。其功能逻辑架构如图 7-1 所示。

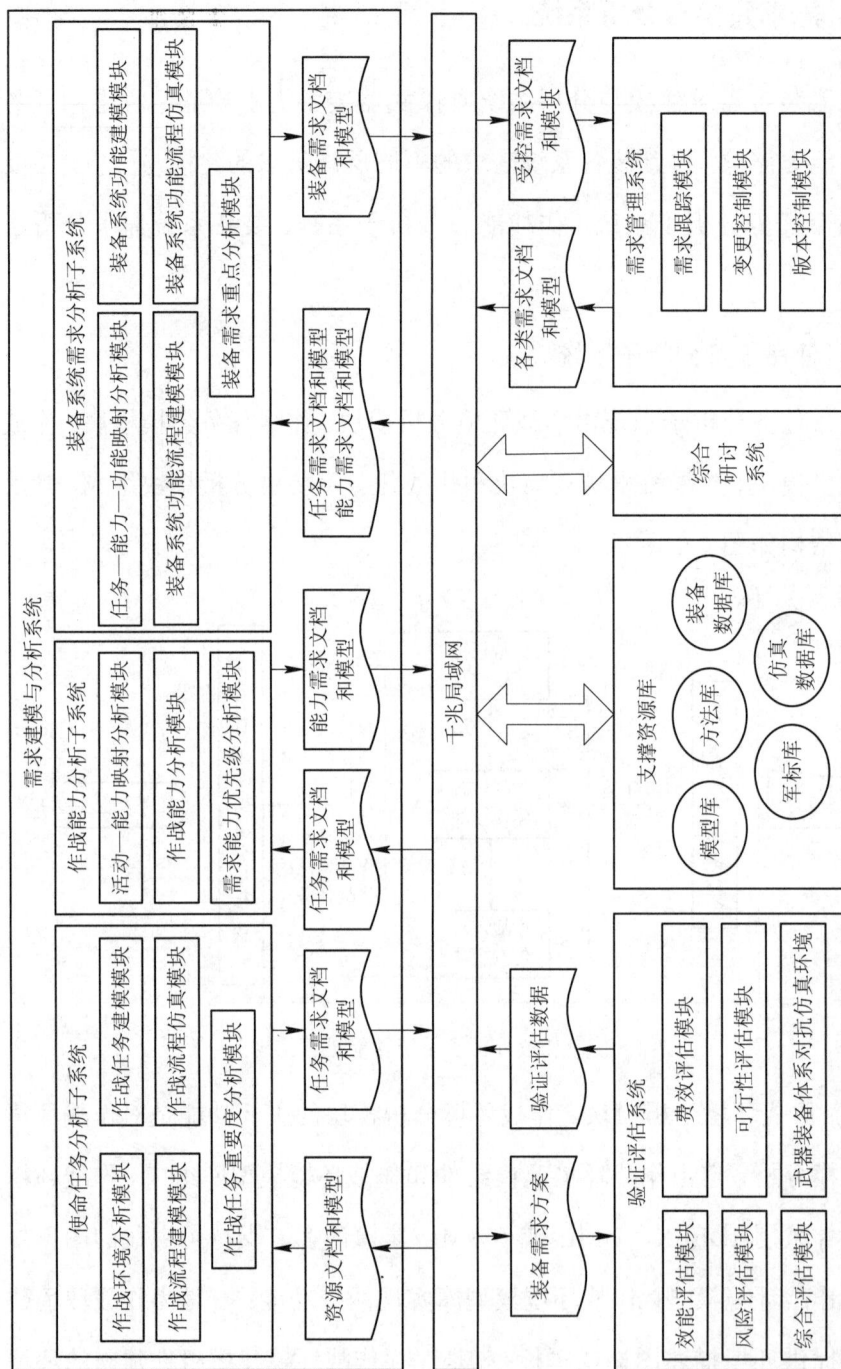

图 7-1 武器装备需求论证一体化支撑平台的功能逻辑架构

7.3.1 需求建模与分析系统

武器装备需求建模与分析系统支撑武器装备需求论证过程中由任务需求到能力需求，再到装备系统需求的不同层次需求的建模与分析，主要包括使命任务分析子系统、作战能力分析子系统、装备系统需求分析子系统。

1. 使命任务分析子系统

使命任务分析子系统由作战环境分析模块、作战任务建模模块、作战流程建模模块、作战流程仿真模块和作战任务重要度分析模块组成，其功能逻辑结构如图 7-2 所示。

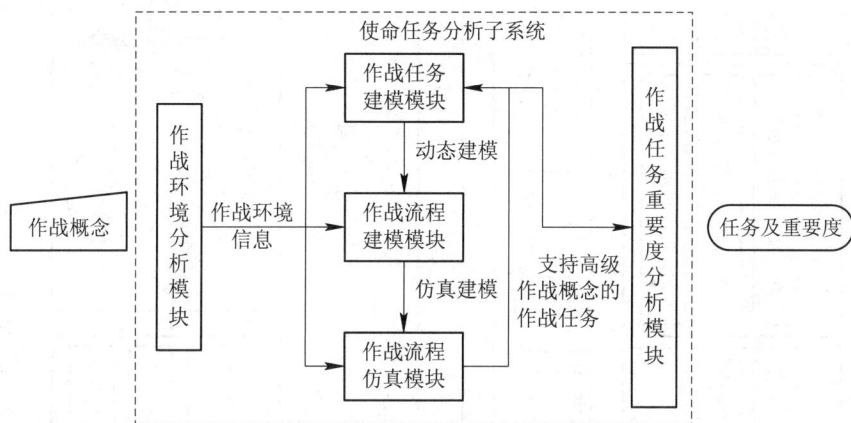

图 7-2　使命任务分析子系统功能逻辑结构图

(1) 作战环境分析模块。作战环境分析模块的主要功能是对作战环境进行建模分析，它由作战环境建模组件和作战环境模型库组成。作战环境建模组件采用 IDEFX、UML 或 SysML 建模语言，支持可视化的图形界面建立作战环境模型。作战环境模型库实现两个功能：一是为作战坏境建模组件提供环境描述图标或军标；二是保存作战环境建模组件建立的环境

模型，为作战任务建模模块、作战流程建模模块、作战流程仿真模块提供作战环境信息。另外作战环境模型库还是作战模型、支撑资源库的组成部分，为后期的分析提供环境模型。

(2) 作战任务建模模块。作战任务建模模块的主要功能是对支持高级作战概念的作战任务进行分析和建模，它由作战任务建模组件和作战任务模型库组成。作战任务建模组件同样支持 IDEFX、UML 或 SysML 建模语言，通过可视化的图形界面有效辅助建立作战任务层次化树状模型、作战活动的信息流模型、作战节点模型和组织关系模型。同时作战任务建模组件还能够提取作战环境模型信息，便于作战任务的建模和分析。作战任务模型库用于存储建立的作战任务层次化模型、作战活动的信息流模型、作战节点模型和组织关系模型，便于任务模型的共享和重用。作战任务模型库也是作战模型、支撑资源库的组成部分，为后期的分析提供任务分析模型。

(3) 作战流程建模模块。作战流程建模模块主要功能是对完成作战任务的作战任务业务流程进行建模。作战任务的业务流程是指在某种作战环境下，在特定作战样式指导下，完成作战任务的作战活动逻辑过程。作战流程建模模块由业务流程分析建模组件和作战任务业务流程模型库组成。业务流程分析建模组件能够支持 IDEFX、UML 或 SysML 建模语言，通过可视化的图形界面能够有效辅助进行业务流程的规划、建模和执行，实现对作战任务业务流程的建模，并且能有效访问作战环境模型库和作战任务模型库。作战任务业务流程模型库用于存储建立的作战任务的业务流程模型，便于业务流程模型的共享和重用。作战任务业务流程模型库也是作

战模型、支撑资源库的组成部分，为后期的分析提供作战任务业务流程模型。

(4) 作战流程仿真模块。作战流程仿真模块的主要功能是动态运行作战流程建模模块建立的作战任务业务流程模型，用于验证作战任务的动态逻辑过程是否正确和是否符合作战概念的预想。它由流程仿真组件和流程仿真数据库组成。流程仿真组件能够有效地读取作战任务业务流程模型库中的业务流程模型，建立动态流程仿真模型和进行仿真分析；也可用图表形式显示仿真结果，辅助分析发现模型的瓶颈和弱点。流程仿真数据库存储作战流程仿真分析过程中的数据和分析结果，也是作战模型、支撑资源库的组成部分，主要为专家联合研讨系统提供数据参考依据。

(5) 作战任务重要度分析模块。作战任务重要度分析模块主要功能是分析支持作战概念的作战任务的重要程度，确定作战任务的优先级。作战任务重要度分析模块要能有效地读取作战任务模型库中的作战任务模型，提取作战任务指标，应用重要度分析方法，分析任务的重要度，同时还要能够将修改后的作战任务模型写入作战任务模型库。其关键技术是如何实现模型数据的有效读取和写入。

2. 作战能力分析子系统

作战能力分析子系统的主要功能是依据使命任务分析子系统产生的作战任务、条件、标准及其重要度分析完成任务所需的作战能力及其重要度。它由活动—能力映射分析模块、作战能力分析模块、需求能力优先级分析模块组成，其功能逻辑结构如图 7-3 所示。

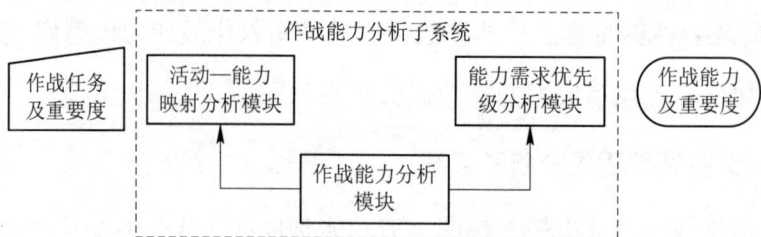

图 7-3　作战能力分析子系统功能逻辑结构图

(1) 活动—能力映射分析模块。活动—能力映射分析模块主要功能是将支持作战概念的作战活动指标同作战能力分析模块建立的作战能力指标进行映射分析。其核心功能是读出作战任务模型库中的任务模型和作战能力模型库中的能力模型,通过映射分析描述作战活动和作战能力之间的映射关系,其目的是完善作战能力模型,使得作战能力模型能够有效地支撑作战任务。其关键的技术是如何实现模型数据的有效读取和写入。

(2) 作战能力分析模块。作战能力分析模块主要功能是对作战能力进行分解建模,由作战能力分解建模组件和作战能力模型库组成。作战能力分解建模组件支持 IDEFX、UML 或 SysML 建模语言,通过可视化的图形界面能够有效辅助建立作战能力的层次化树状模型和作战能力关系模型。作战能力模型库用于存储作战能力层次化模型和作战能力关系模型,便于能力模型的共享和重用。作战能力模型库也是作战模型和支撑资源库的组成部分,为后期的分析提供作战能力模型。

(3) 能力需求优先级分析模块。能力需求优先级分析模块主要功能是分析支持作战任务的作战能力的重要程度,确定作战能力的优先级。能力需求优先级分析模块要能有效地读取作战能力模型库中的作战能力模型,提取作战能力指标,应用重要度分析方法分析作战能力的优先级并进行排

序，同时还要能够将修改后的作战能力模型写入作战能力模型库。其关键技术是如何实现模型数据的有效读取和写入。

3．装备系统需求分析子系统

装备系统需求分析子系统的主要功能是依据作战任务及其重要度、作战能力及其重要度分析支持作战能力的装备系统功能，它由任务—能力—功能映射分析模块、装备系统功能建模模块、装备系统功能流程建模模块、装备系统功能流程仿真模块和装备需求重点分析模块组成，其功能逻辑结构如图 7-4 所示。

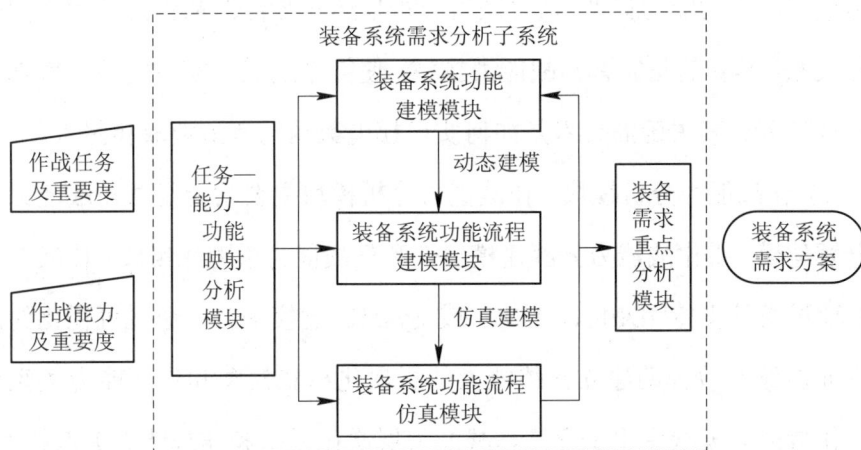

图 7-4　装备系统需求分析子系统功能逻辑结构图

(1) 任务—能力—功能映射分析模块。任务—能力—功能映射分析模块的主要功能是将支持作战概念的作战任务指标和作战能力指标同装备系统功能模型中的功能指标进行映射分析。其核心功能是读出作战任务模型库中的任务模型、作战能力模型库中的能力模型和系统功能模型库中的装备系统功能模型。该模块通过对映射分析算法的实现，分析作战任务、

作战能力和系统功能之间的映射关系，其目的是明确支撑作战能力的装备系统功能和完善装备系统功能模型，使得装备系统功能模型能够有效地支撑作战能力完成作战任务。其关键技术是如何实现模型数据的有效读取和写入。

(2) 装备系统功能建模模块。装备系统功能建模模块主要是对装备系统的功能进行建模，由系统功能建模组件和系统功能模型库组成。装备系统功能建模组件支持 IDEFX、UML 或 SysML 建模语言，通过可视化的图形界面能够有效辅助建立装备系统功能的层次化树状模型和系统功能数据流模型。系统功能模型库用于存储建立的装备系统功能层次化模型和系统功能数据流模型，便于装备系统功能模型的共享和重用。系统功能模型库也是作战模型、支撑资源库的组成部分，为后期的分析提供系统功能模型。

(3) 装备系统功能流程建模模块。装备系统功能流程建模模块的主要功能是对完成作战任务的装备系统功能之间的逻辑流程进行建模。装备系统功能流程建模模块主要包括系统功能流程建模组件和系统功能流程模型库。系统功能流程建模组件支持 IDEFX、UML 或 SysML 建模语言，通过可视化的图形界面实现对系统功能流程的建模，并且能有效访问系统功能模型库。系统功能流程模型库用于存储建立的系统功能的逻辑流程模型，便于系统功能流程模型的共享和重用。系统功能流程模型库也是作战模型和支撑资源库的组成部分，为后期的分析提供系统功能流程模型。

(4) 装备系统功能流程仿真模块。装备系统功能流程仿真模块主要功能是动态运行系统功能流程建模模块建立的系统功能流程模型，用于验证

系统功能的动态逻辑过程是否正确和是否符合预期设想。它由流程仿真组件和流程仿真数据库组成。流程仿真组件能够有效地读取系统功能流程模型库中的系统功能流程模型，建立动态流程仿真模型和进行仿真分析；也可用图表形式显示仿真结果，辅助分析发现模型的瓶颈和弱点。流程仿真数据库存储系统流程仿真分析过程中的数据和分析结果，也是作战模型和支撑资源库的组成部分，主要为专家联合研讨提供数据参考依据。

(5) 装备需求重点分析模块。装备需求重点分析模块主要功能是根据作战任务重要度分析和作战能力重要度分析的结论，依据装备需求重点的确定原则，提出装备需求重点的初步设想，形成装备需求重点方案。装备需求重点分析模块要能有效地读取作战任务模型库中的作战任务模型和作战能力模型库中的作战能力模型，提取作战能力需求重点，应用重要度分析方法分析装备需求重点并进行排序，同时还要能够将修改后的装备需求重点分析模型写入装备需求模型库。其关键技术是如何实现模型数据的有效读取和写入。

7.3.2 验证评估系统

验证评估系统主要功能是将建立的武器装备需求模型转变为可执行的仿真模型，通过装备体系之间的仿真对抗分析对装备需求方案的效能、费用、有效性、可行性和技术风险进行评估。它由武器装备体系对抗仿真环境、效能评估模块、费效评估模块、可行性评估模块、风险评估模块、综合评估模块、评估算法数据库和评估结果数据库组成，其功能逻辑结构如图 7-5 所示。

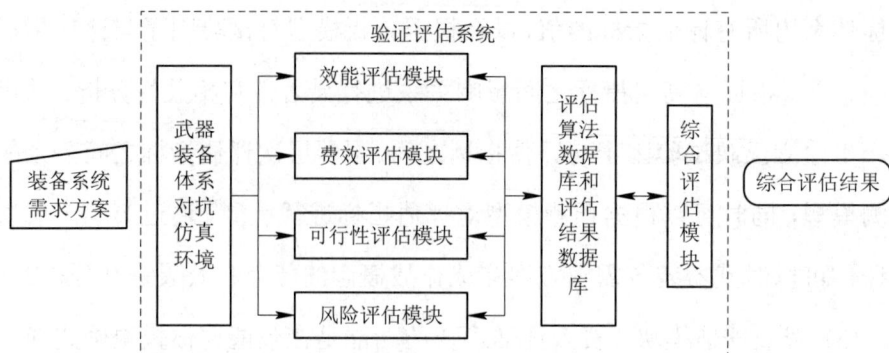

图 7-5　验证评估系统的功能逻辑结构图

(1) 武器装备体系对抗仿真环境。武器装备体系对抗仿真环境主要功能是采用体系对抗的方式对武器装备需求方案完成作战概念情况进行仿真演示，验证作战任务需求、作战能力需求、装备需求之间的一致性。为保证仿真想定、数据与装备需求分析的一致性，避免需求理解的二义性和提高仿真结果的可信性，在依托我军相关单位建设的武器装备体系研究实验室的体系对抗仿真环境进行武器装备需求综合评估时，必须要将使命任务分析子系统建立的作战环境模型、作战任务模型和装备系统需求分析子系统建立的装备系统功能模型有效地转换为体系对抗仿真环境的想定数据、环境数据和装备数据。

(2) 效能评估模块。效能评估模块的功能主要分为两个层次：第一个层次是对单次仿真试验输出数据进行评估，主要利用仿真过程中所记录的状态、事件、作战态势和战果统计数据，利用事件追溯的方式，分析影响本次对抗试验的关键因素；第二个层次是基于多次仿真过程记录的模型输出数据建立评估模型。通过第一个层次的评估可以将仿真试验的样本数据转化为评估样本数据和选择评估算法数据库中合适的评估算法解算评估

指标体系内所有评估指标的值,以及根据分析模型对试验因子与评估指标之间、低层指标与高层指标之间影响关系进行显著性和相关性分析,并可进一步建立反映试验因子与评估指标之间、不同层次评估指标之间关系的预测模型,同时可以根据预测模型对评估指标进行预测。通过第二个层次的评估可以对武器装备需求方案完成作战概念的能力和效果进行分析。

(3) 费效评估模块。费效评估模块的功能是在效能评估模块确定的不同武器装备需求方案的作战能力和效果的基础上,建立费效分析模型,选择评估算法数据库中合适的费用估算算法和按照等费用准则、等效能准则或费用—效能递增准则建立武器装备系统效能与费用的关系,以及采用不同的量值进行灵敏度分析,确定不同方案的费效结果。

(4) 可行性评估模块。可行性评估模块的功能是在费效评估模块确立的不同武器装备需求方案的费效结果的基础上,从技术、经济、时间上分析需求方案是否可行,并提出有关的改进途径,以保证武器装备系统需求方案的可行性。

(5) 风险评估模块。风险评估模块的功能是对可行性评估模块确立的武器装备需求方案进行技术风险、费用风险、进度风险、计划风险的评估,并提出有关的风险管理措施,以保证武器装备需求方案的风险可控。

(6) 综合评估模块。综合评估模块的功能是在效能分析、费效分析、可行性分析、风险分析的基础上建立综合分析模型,将效能分析、费效分析、可行性分析、风险分析的数据转化为评估样本数据,并选择评估算法数据库中合适的综合评估算法解算评估指标体系内所有评估指标的值,以确定不同武器装备系统需求方案的综合评估结果,为决策提供依据。

7.3.3 需求管理系统

需求管理系统的功能是保证武器装备需求能得到人们完整一致的理解，所有需求都要被标识出来，所有需求的实现过程都得到跟踪、监督和验证，以及所有需求的变化都得到控制、理解和处理。装备需求管理系统由需求跟踪模块、变更控制模块、版本控制模块、需求管理数据库组成，其功能逻辑结构如图 7-6 所示。

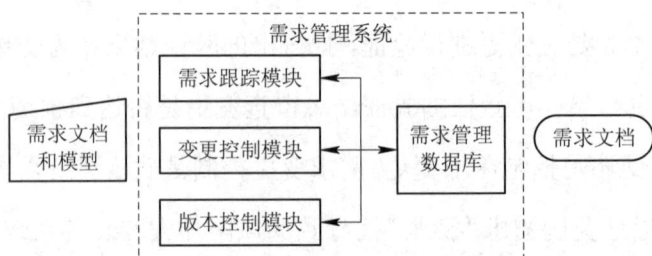

图 7-6　装备需求管理系统功能逻辑结构图

(1) 需求跟踪模块。需求跟踪模块的功能是从正、反两个方向描述和跟踪武器装备系统的作战任务需求、作战能力需求、装备系统需求之间的关系并维护其一致性。通过建立作战任务、作战能力、装备系统需求元素之间的跟踪关系和跟踪关系链，实现从作战任务需求到装备需求的跟踪，确保武器装备需求论证过程中进行作战任务需求分析、作战能力需求分析和装备系统需求分析时任务需求与能力需求及特定装备系统单元之间的关系链，从而确保装备系统满足作战能力需求和作战能力能够满足作战任务需求。同样，也可以从装备系统单元回溯到作战能力需求，从作战能力需求回溯到作战任务需求，这样就能知道每个需求元素存在的原因。

(2) 变更控制模块。变更控制模块的功能是对需求变更在变更申请、

分析、评估、审核、实施、验证等各阶段进行控制，确保需求变更可控。在武器装备需求变更提出后，进行变更影响分析，给出变更影响分析评估结果并作为变更评审的决策依据。在进行变更评审时不仅要考虑变更对装备系统全寿命周期中其他阶段的影响，而且要综合考虑变更对整个需求体系中其他需求的潜在变更影响，更要充分考虑变更对武器装备系统作战效能、效费、风险的影响。充分考虑以上影响之后再决定是否接受或拒绝变更请求。接受变更请求后，要制定详细的变更计划，按照计划执行变更。在变更实施后，要对变更进行验证，把得出的验证结果作为变更结果评审的依据。变更结果评审是依据验证结果审查变更是否达到预期的目的，从而决定是接受还是拒绝需求变更。需求变更控制是武器装备需求管理的核心问题，可以避免因需求"膨胀"而导致的风险加大和装备系统建设失控。

(3) 版本控制模块。版本控制模块的功能是建立武器装备需求基线。武器装备需求基线是在某一时间点需求数据的只读版本，是需求变更的依据。在武器装备需求论证过程中，武器装备需求确定并经过评审后就可以建立第一个需求基线，此后每次变更并经过评审后都要重新维护需求变更的历史记录、变更需求文档版本的日期以及所做的变更原因，还包括由谁负责更新和更新的版本号等。另外，还需要衡量武器装备需求的稳定性，在适当的时机设置需求基线并建立新的需求文档版本。

7.3.4　支撑资源库

支撑资源库是武器装备需求论证支撑平台的基础数据信息系统，主要功能是存储装备需求论证过程中用到的方法、模型、数据、相关的技术标准和通用资源，便于数据和资源的查询、修改和分析。主要包括装备数据

库、模型库、方法库、军标库(技术标准与通用资源库)、仿真数据库等。

(1) 装备数据库：存储我军与外军各种武器装备战术技术性能参数，为装备需求分析提供必要的装备数据。

(2) 模型库：存储装备需求论证过程中开发的各种模型，例如作战环境模型、作战任务模型、作战能力模型、装备系统功能模型、各种评估模型等，以便于重用。

(3) 方法库：存储装备需求论证过程中可能用到的各种方法和算法。

(4) 军标库(技术标准与通用资源库)：存储装备需求论证中所用的军事标准、作战条令、条例、通用的技术标准和规范等。

(5) 仿真数据库：存储体系对抗仿真产生的各种统计、分析的结果数据，为专家研讨提供参考。

7.3.5　综合研讨系统

综合研讨系统支持需求论证过程中的集体研讨，具备讨论的组织与控制、信息查询、数据分析、意见集中、过程表现、过程和结果信息的保存以及结果回溯等功能，通常以综合集成大厅的模式组织。

参 考 文 献

[1] 王凯，孙万国，等，著. 武器装备军事需求论证[M]. 北京：国防工业出版社，2008.

[2] 杨边军. 武器装备发展系统理论与方法[M]. 北京：国防工业出版社，2008.

[3] 赵卫民，等. 陆军武器装备论证学[M]. 北京：兵器工业出版社，2008.

[4] 郭齐胜. 陆军武器装备需求生成机制创新[J]. 装甲兵工程学院学报，2008(2).

[5] 杨立功，郭齐胜，王晖. 武器装备论证仿真模型体系框架研究[C]. 武器装备论证仿真模型发展与建设交流与研讨会，西安，2004：331-334.

[6] 杨秀月，郭齐胜，等. 陆军武器装备需求生成支撑平台研究[J]. 装甲兵工程学院学报，2008(2).

[7] 杨秀月. 武器装备体系需求生成理论与方法[D]. 装甲兵工程学院，2009(12).

[8] 赵定海，郭齐胜. 装备需求论证与装备论证的关系研究[C]. 第二届全军军事装备理论学术研讨会优秀论文集，2008.

[9] 赵定海，郭齐胜，等. 装备需求论证模式研究[J]. 装备指挥技术学院学报，2009(2).

[10] 赵定海，郭齐胜，黄一斌. 装备需求论证概念研究[J]. 国防大学学报，2009(2)：85-87.

[11] 李巧丽. 基于能力的装备需求论证理论与结构化方法研究[D]. 装甲

兵工程学院，2008.

[12] 王凯，孙万国，等. 陆军武器装备军事需求论证[M]. 北京：国防工业出版社，2008.

[13] 霍小勇. 关于构建我军陆军武器装备体系需求生成机制的思考与建议[C]. 全军陆军武器装备体系研究第二届学术研讨会论文集，北京，2007：117-120.

[14] 赵峰. 我军陆军武器装备体系需求生成系统研究[C]. 全军陆军武器装备体系研究第二届学术研讨会论文集，北京，2007：37-40.

[15] 赵定海，郭齐胜. 对陆军武器装备生命周期的再认识[J]. 装甲工程学院学报，2008(5).

[16] 郭齐胜，等. 军事装备学学科方向研究：军事装备学研究与发展[M]. 北京：军事科学出版社，2004(10).

[17] 赵定海，黄玺瑛. 装备需求的辩证认识[J]. 装甲兵工程学院学报，2009，23(4)：11-14.

[18] 钱海皓. 武器装备学教程[M]. 北京：军事科学出版社，2000.

[19] 赵定海，黄玺瑛. 装备需求工程导论[M]. 北京：国防工业出版社，2013.

[20] 张猛，郭齐胜，王晓丹，等. 武器装备需求论证基本概念研究[J]. 装甲兵工程学院学报，2011，25(6)：1-5.

[21] 王延烽，史小敏，张梅，等. 军事需求分析研究[M]. 北京：国防大学出版社，2014.

[22] 罗军，游宁，赵小松，等. 军事需求研究[M]. 北京：国防大学出版

社，2011.

[23] 张兵志，郭齐胜. 陆军武器装备需求论证理论与方法[M]. 北京：国
      防工业出版社，2012.

[24] 程享明，王磊，张代平，等. 美军武器装备需求生成机制[R]. 总装
      备部科技信息研究中心，2007.

[25] 吴坚，郭齐胜，董志明，等. 面向武器装备需求论证的作战任务体
      系生成技术[M]. 北京：国防工业出版社，2015.

[26] 郭齐胜，樊延平，穆歌，等. 武器装备需求论证理论与方法[M]. 北
      京：电子工业出版社，2017.

[27] 胡洪涛. 装甲兵作战问题研究丛书：作战需求论[M]. 北京：军事科
      学出版社，2014.

内容简介

本书是地面装备领域人才全流程培养系列教材《装备建设与应用》之一——装备需求篇。

全书共七章，内容分别为概述，装备需求的指导思想、分析原则与基本思路，装备需求的内容框架，装备需求的生成，装备需求论证，装备需求管理，装备需求支撑平台等。

本书是装备建设与运用领域人才培养的理论基础部分，可作为专业培训用书，还可作为军事战略学、军事装备学、武器系统与运用工程等专业的参考书。

图书在版编目（CIP）数据

装备建设与运用. 装备需求篇 / 李义，陶帅，邓辉咏主编.—西安：西安电子科技大学出版社，2022.3
ISBN 978-7-5606-6349-4

Ⅰ.①装… Ⅱ.①李… ②陶… ③邓… Ⅲ.①武器装备管理—中国—教材 Ⅳ.①E241

中国版本图书馆 CIP 数据核字(2021)第 268494 号

策划编辑　刘小莉
责任编辑　王晓莉　刘小莉
出版发行　西安电子科技大学出版社(西安市太白南路 2 号)
电　　话　(029)88202421　88201467　　　邮　编　710071
网　　址　www.xduph.com　　　　　　电子邮箱　xdupfxb001@163.com
经　　销　新华书店
印刷单位　陕西天意印务有限责任公司
版　　次　2022 年 3 月第 1 版　　2022 年 3 月第 1 次印刷
开　　本　720 毫米×960 毫米　1/16　印　张　10
字　　数　107 千字
印　　数　1~1000 册
定　　价　30.00 元
ISBN 978-7-5606-6349-4/E
XDUP 6651001-1
如有印装问题可调换

装备建设与运用

——装备需求篇

主　编　李　义　陶　帅　邓辉咏

副主编　李随科　欧　洋　刘　浩　庄　威

参　编(排名不分先后顺序)

张万玉　张靖昊　田　睿　吴建国　李荣森

辛世成　万瑞升　丁友臣　李玉龙　杨　华

钱　锟　康　磊　滕红智　殷军辉　蔡丽影

西安电子科技大学出版社